UNE GRANDE CHRÉTIENNE

LA MÈRE ANGÉLIQUE

PAR

JANE PANNIER

[IM]PRIMERIES "JE SERS" ISSY-LES MOULINEAUX

LA MÈRE ANGÉLIQUE

ANGÉLIQUE ARNAUD
PAR PHILIPPE DE CHAMPAIGNE

(MUSÉE DU LOUVRE)

UNE GRANDE CHRÉTIENNE

LA MÈRE ANGÉLIQUE

PAR

JANE PANNIER

> Le bonheur ne consiste pas à voir les saints, mais à voir Jésus-Christ en eux.
>
> J. HAMON,
> *médecin de Port-Royal.*

IMPRIMERIES " JE SERS " ISSY-LES MOULINEAUX

A NOS INVISIBLES :

5 février 1928.

15 février 1929.

26 février 1930.

PREFACE

« Je crains qu'on ne fasse de moi toutes sortes de contes », a dit la mère Angélique Arnaud avant de mourir.

Ceci n'est pas un conte, ni une biographie romancée.

Les circonstances ont donné à l'auteur de ces quelques pages le privilège de pouvoir puiser directement aux sources : Mémoires et relations pour servir à l'histoire de Port-Royal; — Lettres de la Mère Angélique; — Constitutions du Monastère de Port-Royal; — Lettres de saint François de Sales; — Lettres de Saint-Cyran; —Nécrologe de Port-Royal (1).

J'ai essayé d'utiliser ces documents avec la plus scrupuleuse exactitude. Historienne d'occasion, vivant dans un autre temps,

---

(1) Fonds Sainte-Beuve à la bibliothèque de la Société de l'Histoire du Protestantisme français.

fille d'une autre Eglise, j'ai pu parfois mal interpréter tel acte ou telle parole de notre héroïne. Puisse l'amour passionné de son sujet suppléer à la faiblesse de la biographe.

« J'ai souvent pensé, a écrit Ernest Lavisse, que ce serait la plus belle des histoires, celle de la vie de Jésus dans les âmes de tous les pays et de tous les siècles, depuis la première parole d'amour qui lui fut dite en Galilée : « Nous vous suivons, Seigneur, parce que vous avez des paroles de vie éternelle. »

C'est un chapitre de cette histoire que j'ai désiré faire. Je souhaite que mes lecteurs trouvent, à le lire, un peu de la joie et de la douceur que j'ai eues à l'écrire.

CHAPITRE PREMIER

L'ENFANCE

LE 8 septembre 1591 naquit une petite fille, Jacqueline - Marie - Angélique Arnaud, qui devait être la célèbre mère Angélique. Fut-ce à Paris, — dans ce Paris agité, troublé de la Ligue, où bouillonnaient tant de passions, — ou dans la propriété de ses parents, sur les coteaux boisés d'Andilly, près de Montmorency ? Nous l'ignorons. Elle était le troisième enfant vivant et la deuxième fille de maître Antoine Arnaud, avocat, et de Catherine Marion, fille de Simon Marion, baron de Dry, président aux enquêtes et ensuite avocat général au Parlement de Paris.

Les Arnaud ou Arnauld étaient une famille d'origine provençale, établie plus tard en Auvergne. Le grand-père de

Jacqueline, Antoine Arnaud, seigneur de la Mothe, fut procureur du roi à Riom, et plus tard procureur général à Paris. Il était huguenot, et son fils Isaac, conseiller d'Etat, fit souche de huguenots. La question de savoir si son autre fils, Antoine, le fut aussi, a été longuement controversée. Le milieu, en tous cas, était sérieux, avec de solides vertus familiales et morales : noblesse de robe, parfois plus cultivée que l'autre, attachée fidèlement à son roi et n'ayant pas trempé dans les intrigues de la Ligue. A la fin de ce XVIe siècle si bouleversé, où tant d'héroïsmes et de fanatismes divers s'étaient combattus, cette famille était bien représentative de la haute bourgeoisie française avec ses traditions de bon sens, de mesure et de charité, bourgeoisie qui devait se rallier avec joie autour de Henri IV.

Sur ce vieil arbre planté dans le sol de la France et reverdissant chaque année, un fruit étrange et merveilleux allait paraître. Pour le produire, il fallait, certes, avant toute chose, la grâce divine et son action fécondante, mais aussi la longue préparation de générations successives, l'effort constant et modeste de ceux qui ont tendu à mieux et essayé d'avancer sur ce chemin qu'un prophète hébreu appelait jadis « la voie de la sainteté ».

Il en a été parfois ainsi dans des temps différents et des familles diverses. Un jour, après une succession de vies moyennes et qui pourraient paraître médiocres, si l'on n'y discernait pas le persévérant travail de perfectionnement, surgit une créature d'élite en qui sont synthétisées et comme condensées toutes les vertus de sa race. Les tendances contraires, qui chez ses ancêtres se combattaient parfois, s'épanouissent chez elle en une harmonie exquise, le mal cède à la force triomphante du bien, et nos yeux éblouis contemplent un reflet de la lumière divine. Parfois ces êtres de prédilection passent sur notre terre un matin, quelques années vite emportées. D'autres fois, toute une vie leur permet de tracer un profond sillon. Mais que leur course soit brève ou longue, leur influence demeure... Le milieu familial qui a contribué à les former est le premier à bénéficier de cette influence. Dans sa miséricorde infinie, Celui qui connaît les combats cachés, les prières obscures, tout ce qu'il peut y avoir de volonté du bien dans nos pauvres cœurs humains, met dans ces âmes privilégiées (toujours des âmes de sacrifice) une force de rayonnement s'étendant autour d'elles et remontant même à ceux dont elles sortent. C'est parfois l'enfant chérie que ses bras ont bercée et que ses prières ont entourée, qui tend la main à sa mère sur le seuil de l'Invisible.

Telle devait être Angélique Arnaud. En elle revivaient, décuplées, magnifiées, transformées, les vertus diverses des Arnaud et des Marion de jadis. Quand, à la fin de sa vie, Mme Antoine Arnaud, devenue la sœur Catherine de Sainte-Félicité, s'inclinait devant sa fille et l'appelait « Ma mère... », toute étiquette monacale mise à part, elle avait raison... La mère Angélique, la célèbre abbesse, était bien la mère spirituelle de tous les Arnaud, de Port-Royal, du jansénisme; directe ou indirecte, son influence s'étend jusqu'à notre grand Pascal.

La mère Angélique nous a fait elle-même, dans des souvenirs recueillis par la mère Angélique de Saint-Jean, sa nièce, et par M. Le Maistre, son neveu, le pittoresque tableau de sa première enfance.

Antoine Arnaud, d'un caractère impérieux, d'une éloquence intarissable, était un bon père de famille, épris des siens qu'il aimait diriger. Il eut vingt enfants. Sa femme avait « la froideur des Marion », du calme, du savoir-faire, une soumission entière à son mari, une grande bonté. Sur leurs terres, à Andilly, personne ne mendiait, et M. Arnaud disait :

« Ma femme n'est point brave (point coquette) et j'aime bien mieux qu'elle donne aux pauvres que de dépenser en affiquets. »

« *Cette âme était solide et bâtie sur la pierre*, écrira d'elle, après sa mort, M. de Saint-Cyran, *et quand elle n'aurait aimé que le salut de ses enfants, on peut dire qu'elle a été sauvée pour les avoir engendrés et nourris selon Jésus-Christ, qui est le moyen principal de salut d'une mère, sans lequel les autres sont inutiles.* »

Pourtant, entre cette mère excellente et la petite fille volontaire et orgueilleuse qu'était Jacqueline Arnaud, les choses n'allaient pas très facilement :

« Ma mère avait pour moi de l'aversion », dira la mère Angélique.

Aussi le matin, la fillette, dès qu'elle était habillée, passait la porte de communication qui reliait l'appartement des Arnaud à celui de M. Marion, le grand-père (probablement déjà rue de la Verrerie, près de l'Hôtel de Ville), et refermait cette porte au verrou. Chez l'avocat général, dont elle était la favorite, elle se sentait reine et maîtresse, et si une de ses sœurs, Catherine ou Jeanne, voulait la suivre, elle la chassait.

« Allez-vous-en ! C'est ici ma maison et non la vôtre. »

Nous l'imaginons facilement aux côtés de M. Marion, dans le grand cabinet de travail tapissé de livres de droit, dans la chambre à coucher somptueuse et sévère. Vêtue d'une longue robe et d'un petit bonnet, comme on en voit dans les estampes d'Abraham Bosse, elle allait et venait, questionnait, sautillait, le corps toujours en mouvement, l'intelligence éveillée. Et si un étranger, survenant, lui demandait son nom :

« Jacqueline Marion », répondait-elle, voulant montrer qu'elle était bien la fille du logis.

La famille s'augmentait peu à peu : Robert, Catherine, Jacqueline, Jeanne, un petit Antoine, que Jacqueline aimait beaucoup et qui mourut à trois ans, Anne, Henri, Marie-Claire... Le grand-père s'inquiétait de l'avenir de tous ces enfants, des filles surtout. Un jour, il prit Jacqueline entre ses genoux et lui demanda :

« Ma fille, ne voulez-vous pas être religieuse? »

La fillette, étonnée et effrayée, levait sur lui ses yeux au regard droit et sérieux. Le grand-père insista :

« Je vous ferai abbesse, la maîtresse des autres... »

Un moment, une vision de grandeur, de domination, éblouit Jacqueline.

« Oui, mon grand-papa, je le veux bien », répondit-elle.

Et puis, tout de suite, elle s'enfuit dans la galerie, pour cacher ses larmes. Elle comprenait qu'il lui faudrait renoncer à se marier, à vivre au milieu du monde comme sa sœur Catherine qu'on parlait déjà d'établir; elle était désolée de se savoir et sentir ainsi la cadette.

La petite Jeanne, questionnée à son tour et plus timide, plus naturellement pieuse, avait répondu qu'elle voulait bien être religieuse, à condition de ne pas être abbesse.

Ces consentements enfantins suffirent-ils à M. Marion pour parler de vocation ? Il pressait les démarches, usant de son crédit auprès du roi. En 1599, Henri IV nommait, par décret, Jacqueline et Jeanne Arnaud abbesses de Port-Royal et de Saint-Cyr, la première étant coadjutrice, car l'abbesse,

Mme de Boulehart vivait encore. Les fillettes allaient avoir huit et sept ans. Même à cette époque, c'était une chose inusitée que de lier de pareils fardeaux sur des épaules d'enfants, sans parler du scandale religieux que cela représentait.

Mme Arnaud le ressentit vivement et trembla pour ses petites filles, probablement pour Jacqueline surtout qui, dès le 2 septembre de cette année 1599, prit l'habit religieux à Saint-Antoine-des-Champs, dans le faubourg Saint-Antoine. La petite novice, grisée d'être l'héroïne de la fête, fut ramenée en carrosse chez ses parents. Quelques jours après, elle retournait à l'abbaye de Saint-Antoine, où elle ne tarda pas à devenir, comme chez son grand-père, la favorite du couvent. Elle échappait ainsi, et sans doute joyeusement, aux gronderies maternelles et « aux châtiments rudes de servantes peu éclairées ». Une étrange deuxième enfance allait commencer pour elle et pour sa sœur Jeanne, dans les maisons religieuses où s'écoulera toute leur vie.

CHAPITRE II

AU COUVENT

APRÈS six semaines passées à l'abbaye de Saint-Antoine, c'est à Saint-Cyr que nous retrouvons Jacqueline, près de Jeanne devenue abbesse sous la direction d'une religieuse. Les deux sœurs y vivent un an ensemble, se disputant parfois, mais apprenant surtout à s'aimer d'une tendresse profonde, qui grandira avec elles et sera dans leur vies un précieux soutien. Puis Jacqueline est envoyée à Maubuisson près de Pontoise. C'était un étrange et triste milieu, pour une fillette innocente et pure. L'abbesse, Angélique d'Estrées, sœur de la belle Gabrielle, était une femme de mœurs dissolues, et l'on menait dans son couvent une vie luxueuse et joyeuse de réceptions, de jeux et de danses. Jacqueline, élevée là avec d'autres fillettes, semble n'en avoir pourtant pas gardé un mauvais souvenir. En septembre 1600, Mme d'Estrées l'emmène à son autre abbaye, Bertaucourt, et la fait confirmer à Amiens sous le nom d'Angélique. Ceci aidera M. Marion et M. Arnaud à obtenir pour Angélique Arnaud les bulles refusées à Rome à Jacqueline parce qu'elle était trop jeune, subterfuge bien indigne de l'honnêteté de ces gens de robe et dont la jeune fille portera lourdement la faute.

En 1602, l'abbesse de Port-Royal, Mme de Boulehart, devient gravement malade et meurt, et Angélique (désormais ce sera son nom) est emmenée par son père pour prendre sa succession et devient abbesse titulaire de Port-Royal.

Port-Royal ! Ce nom évoque, pour nous, un vallon retiré, encaissé, ombragé, au milieu des fertiles plaines de l'Ile-de-France, un coin solitaire qu'habitent de grands souvenirs.

Il y a quelques années, les pèlerins pouvaient encore y aller de Trappes par un sentier à travers des bois touffus, tapissés au printemps de violettes, de coucous, puis de muguets. On arrivait ainsi à la ferme et à la maison des Granges, d'où l'on descendait sur les murs de clôture de l'abbaye, enfouis sous le lierre et les plantes grimpantes. Ce chemin est coupé aujourd'hui et la grande route de Chevreuse à Paris, montant le coteau des Mollerets, est goudronnée pour les autos. Leurs klaxons discordants étonnent dans le silence de ce coin de verdure, plein d'une mélancolie profonde.

Un petit ruisseau traverse le domaine ; des bâtiments, subsistent seuls le toit en poivrière d'un colombier, un vieux moulin, des colonnes tronquées, des pavés disjoints, quelques reliques rassemblées dans une petite chapelle par des mains pieuses...

Et pourtant, dans cette désolation et cet abandon, Port-Royal a une poésie qui séduit et captive.

La charrue a passé sur la terre où jadis s'élevaient l'église et le couvent, le cimetière a été dévasté et ses tombes ont été violées. Mais de grandes ombres peuplent encore le petit vallon ; son paysage étroit, enserré dans sa ceinture de bois, un peu triste sous le ciel gris est, pour nous, baigné dans une atmosphère lumineuse de spiritualité. Comme au temps où la cloche de la mère Angélique sonnait l'Angélus entre les coteaux, une prière monte aux lèvres du visiteur.

Au commencement du XVIIe siècle, c'était tout autre chose. La fondation de l'abbaye datait du temps des croisades, et c'était un monastère de « bénédictins déformés » sous la juridiction de l'ordre de Cîteaux. A sept lieues de Paris, entre Versailles et Chartres, cela paraissait bien loin ; les collines qui l'enserraient faisaient alors figure de montagnes, et il était situé sur les bords d'un étang où certainement devaient foisonner les moustiques, puisque la fièvre était à l'état endémique dans l'abbaye.

Les bâtiments étaient bas, insalubres, les murs en mauvais état, les cultures négligées, le pays avait l'aspect sauvage et triste, quand, le 5 juillet 1602, la nouvelle petite abbesse fit son entrée. Elle était escortée de son père et de sa mère, et les douze religieuses restant seules à Port-Royal la saluèrent et l'accueillirent avec joie. On connaissait le crédit et la générosité des Arnaud et des Marion, et on espérait bien que la présence d'Angélique aiderait à rendre à l'abbaye quelque chose de son ancien éclat. Mme Arnaud s'y installa avec sa fille. L'abbé général de Cîteaux, M. de la Croix, avait promis de venir prochainement bénir la jeune abbesse, et il fallait tout préparer pour cette cérémonie.

Hélas ! il y avait dans la maison des choses plus tristes encore que le mauvais état des bâtiments ou des cultures. La plus ancienne des douze professes était absolument indigne, et il fallut obtenir de l'abbé de la Croix son déplacement immédiat. Plusieurs des domestiques avaient aussi une conduite déréglée et faisaient grande chère au détriment des religieuses. Le jardin regorgeait de fruits, (ils ont toujours été une des richesses de Port-Royal même avant les poires de M. d'Andilly), et chacune des sœurs n'en recevait que deux hottées dans l'année; tout le reste était vendu en cachette. Mal nourries, mal soignées quand elles étaient malades, les religieuses étaient plus abandonnées encore au point de vue spirituel.

« *Il n'y avait qu'un confesseur, un religieux si ignorant qu'il n'entendait pas le* Pater *en français. Il ne savait pas un mot de catéchisme, et n'ouvrait jamais d'autre livre que son bréviaire. Il y avait plus de quarante ans qu'on n'avait prêché céans, sinon sept ou huit fois, à la Profession de quelques filles.* »

La prudente et raisonnable Mme Arnaud mit de l'ordre dans la maison, et en confia la direction à une sage religieuse, la mère Catherine Dupont, chargée, comme prieure, de veiller sur la jeune abbesse et ses moniales. Puis le 29 septembre, en grande pompe, eurent lieu la bénédiction et la première communion de la fillette, en même temps.

Revenant longtemps après sur tous ces souvenirs, la mère Angélique cherchait, dans le tissu de sa vie passée, le fil brillant de la grâce de Dieu qui l'appelait et la voulait à

Lui. Elle se rappelait qu'à sept ans, habitant encore rue de la Verrerie, chez ses parents, elle rentrait un jour du confessionnal où le prêtre lui avait enseigné à demander à Dieu le pardon de ses fautes. Elle s'était alors agenouillée au retour dans la cour de la maison et avait prié « avec un tel sentiment de respect et de foi, qu'elle nous disait avoir toujours cru que c'était le premier moment où elle avait agi avec raison et discernement ».

Le souvenir de sa première communion lui restait, plus doux encore. Dans la maison de Port-Royal, agitée par les préparatifs de la cérémonie de bénédiction, personne n'avait songé à l'âme de cette fillette de onze ans sur les épaules de laquelle allaient peser de si lourdes responsabilités et qui allait recevoir, par le sacrement, le gage suprême de l'amour de Dieu. Personne...? oui, quelqu'un, un pauvre homme à qui sa jeunesse avait souri, le vieux savetier du monastère. Timidement, il lui avait glissé entre les mains un humble petit livre de prières. Dans l'église, pompeusement, les offices se poursuivaient, au milieu d'une nombreuse assistance, et celle qui en était l'héroïne, penchée sur le volume usé, le lisait avec tant d'attention et de respect, que le sentiment de la présence de Dieu la pénétra profondément. Ce fut le seul souvenir qu'Angélique garda de cette journée brillante.

Les fêtes finies, Mme Arnaud repartie, la vie se poursuivit régulière à l'abbaye, grâce à la prieure. Sans les heures d'office, on se serait cru dans le monde. Promenades, jeux, visites formaient les occupations des religieuses, et nulle n'y était plus ardente que la jeune abbesse. Mme Arnaud tremblait toujours de lui voir commettre quelque faute grave, et souvent arrivait de Paris à l'improviste, pour la surprendre et la surveiller. Mais l'enfant se faisait aimer de son entourage, par la vivacité et la générosité de son caractère. Elle avait déjà une haute idée de sa dignité, et la prieure savait fort bien faire respecter cette autorité, tout en la dirigeant avec tact.

Grande, mince, avec de beaux yeux au

regard sérieux, une physionomie aux traits accusés, la fillette était charmante et avait déjà cet air de fierté, de droiture et de bonté qui nous émeut dans les portraits que Philippe de Champaigne nous a laissés de la mère Angélique.

Un jour, rompant le silence de la campagne, un bruit de cor, des aboiements de chiens. C'est la chasse royale qui passe, et Henri IV, mettant pied à terre, demande à être reçu dans le monastère où il sait rencontrer M. Arnaud en visite. Il est enchanté de la grâce de Mme Angélique et, le lendemain, longeant les murs de clôture, au galop de son cheval, galamment il crie :

« Je baise les mains de Mme l'Abbesse. »

L'enfant en est très honorée et joyeuse, et toute sa vie elle en garde au roi une profonde reconnaissance, quelque mépris qu'elle dût avoir pour son inconduite.

« Il était bon et doux, dira-t-elle plus tard. »

D'autres fois, ses sœurs venaient la retrouver. Le carrosse allait quérir à Saint-Cyr

Jeanne (devenue Agnès maintenant), ou à Paris Catherine, et c'était entre elles des conversations et des confidences sans fin. Les deux visiteuses étaient plus simplement et régulièrement pieuses qu'Angélique. Agnès aimait les offices et Catherine trouvait une grande joie à chanter avec les sœurs. Quand son aînée repartait, Angélique soupirait avec regret. Comme elle aurait laissé volontiers ses honneurs et son autorité d'abbesse pour mener « la vie d'une honnête femme » ! Plus elle grandissait, plus son jugement se formait, et plus elle regrettait la voie dans laquelle elle avait été placée.

Elle aimait passionnément la lecture. Plutarque spécialement l'enthousiasmait. Austèrement, à la fin de sa vie, elle regrettera les heures passées avec le vieil auteur, maître d'héroïsme, et dira qu'elles auraient dû être consacrées à la prière. Qui sait pourtant quelle influence elles eurent sur son esprit, et si elles ne contribuèrent pas à former cette âme énergique, vraiment romaine et contemporaine de Corneille.

En 1605, Catherine se maria avec Isaac Le Maître, conseiller du roi, qui devait la rendre très malheureuse. A la même époque, la petite Anne est mise à Saint-Cyr près d'Agnès, et un nouvel enfant, Simon, vient prendre sa place au foyer paternel. Deux autres, Madeleine et Antoine (le grand Arnaud) devaient encore naître plus tard.

Tous ces événements de famille troublent la jeune abbesse, et la vie au monastère lui paraît monotone et presque insupportable.

« *Quand j'eus quinze ans*, a-t-elle raconté, *je délibérai en moi-même de quitter Port-Royal et de m'en retourner au monde, sans en avertir mon père et ma mère, pour me retirer du joug qui m'était insupportable et me marier quelque part. Je crus alors, au pis aller, que je serais en sûreté à la Rochelle, quoique je fusse bonne catholique et que Dieu m'eût donné une aversion secrète pour l'hérésie, jusque-là qu'une de mes parentes, qui était huguenote, m'ayant dit que je lusse l'épître aux Romains et que j'y trouverais la condamnation de la créance catholique romaine, je la lus et y trouvai tout le contraire, parce qu'il plaisait à Dieu de m'éclairer à la lumière de la vraie foi.* »

Mère Angélique, nous ne discuterons pas avec vous cette opinion. Peu nous importe l'étiquette que vous placez sur votre foi, puisée aux sources authentiques de la vie de l'Esprit. Mais lequel d'entre nous n'enverrait une pensée de reconnaissance à la tante protestante qui vous apprit dès votre jeunesse à connaître et aimer la Sainte Ecriture et à asseoir le solide édifice de votre pensée religieuse sur la base posée par le grand apôtre saint Paul, celle du salut par la grâce souveraine de Dieu, manifestée en Jésus-Christ. Toute votre longue vie de sacrifice, de renoncement, de charité, d'adoration, est là pour témoigner de la solidité de cette foi.

CHAPITRE III

LA CONVERSION

SEPTEMBRE 1607! Sous le ciel bleu, les hautes frondaisons de la forêt de Montmorency n'ont pas encore pris les teintes d'automne et pourtant, déjà, au château d'Andilly, la réunion de famille des vendanges approche. La jeune Mme Le Maître est revenue des eaux, toute heureuse de penser qu'lle va retrouver au foyer paternel sa chère petite Jacqueline de jadis, Mme Angélique de Port-Royal. Mais celle-ci est encore faible et languissante; depuis la fin de juillet, la fièvre la mine. Son père, qui l'a ramenée à Paris, puis à Andilly pour la faire soigner, s'en inquiète. Les médecins se sont succédé près de son lit et Mme Arnaud la faisait coucher dans sa chambre et se levait constamment la nuit pour la soigner.

La jeune fille est sensible à ces témoignages de tendresse, mais le mal qui la ronge est aussi moral que physique. A la fièvre quarte, qui fera encore tant de ravages à Port-Royal, se joint l'intense mélancolie d'une âme ambitieuse qui n'a pas trouvé sa voie et tremble devant l'avenir qui lui est préparé.

Au château d'Andilly, les oncles Arnaud : l'intendant des finances et le « Mestre de camp », la présidente de Dry, belle-sœur de ses parents, apportent leurs habits élégants et leurs récits mondains. Angélique regarde, écoute, et soupire, en songeant aux robes de serge des religieuses, à la vie monotone de l'abbaye que scande seule l'heure régulière des offices. En cachette, elle se fait faire un « corps de baleine ».

« J'aimais la vanité et la maladie de mon corps n'a pas guéri celle de mon âme », dira-t-elle plus tard.

L'animation qui l'entoure arrive enfin à lui

faire secouer sa mélancolie, et Mme Arnaud s'inquiète même alors de la voir si vive, éveillée, prenant aux visites venues de Paris un manifeste intérêt. Aurait-elle quelque commerce de lettres, quelque intrigue ? La mère soupçonneuse va jusqu'à Port-Royal fouiller dans les papiers de sa fille. M. Arnaud avertit Angélique, et celle-ci de répondre fièrement : « Elle ne trouvera rien! »

Avec un grand désir de liberté et d'indépendance, la jeune fille avait une horreur instinctive de toute tromperie.

Elle eut de la peine à pardonner à sa mère sa méfiance et son indiscrétion, et plus encore peut-être à son père le piège qu'il lui tendit, en lui faisant, un jour, vite signer un papier mal écrit :

« Je n'osais lui demander ce que c'était, tant je lui portais de révérence. Mais en courant des yeux tout cet écrit, je lus que c'était la neuvième année, ce qui me fit voir que c'était une ratification de mes vœux. »

Et cela la désola.

Malgré tout, ce fut la reconnaissance pour

la bonté de ses parents qui l'emporta dans le cœur d'Angélique. En décembre, de peur de leur faire de la peine, elle se laisse ramener par eux à Port-Royal, demandant seulement qu'Agnès et Anne viennent l'y retrouver.

La vie de couvent avait repris, régulière et calme en apparence. La jeune abbesse lisait maintenant la *Vie des Saints* « avec une attention étrange ». Les regrets du monde venaient toujours la visiter, mais aussi parfois elle était saisie d'une ardente soif de perfection. Sentant que les jeux, les promenades, les conversations ravivaient en elle la vanité, l'orgueil, l'égoïsme : « Mon Dieu, priait-elle, enfermez-moi dans un cachot où je ne voye ni ciel ni terre, où je sois délivrée de tous les engagements, de toutes les tentations, de toutes les occasions où je vous offense. » Toute la mère Angélique est déjà dans cette prière.

L'année 1608 commençait. Les mascarades du carnaval passèrent et le temps austère du carême était arrivé. Angélique lisait un petit volume de *Méditations* que Mme de Jumeauville, une religieuse de Saint-Cyr venue à Port-Royal à la demande de Mme Arnaud, lui avait prêté.

Le 8 mars, au crépuscule, un moine capucin, le père Basile, vient frapper à la porte de l'abbaye. Ce n'était pas sa première visite. Depuis que les Arnaud s'occupaient de Port-Royal, de temps en temps, l'un ou l'autre des Pères venait prêcher et on lui faisait une aumône. Mme Angélique rentrait du jardin avec ses religieuses. Il était tard pour une prédication, et avant de l'autoriser, elle hésita, puis, réfléchissant :

« Cela nous tiendra lieu de Complies, dit-elle. »

Et elle se dirigea vers la chapelle.

Celle-ci, nous le savons, était pauvre et nue. La lueur tremblotante des cierges et des flambeaux vacillait sur les murs crépis et, dans sa haute stalle armoriée, la jeune abbesse écoutait. Elle ne garda du sermon du capucin qu'un souvenir confus; elle se rappelait seulement qu'il avait pour sujet : l'Incarnation. Le moine lui-même était un pauvre sire qui passa du catholicisme au protestantisme pour redevenir ensuite catholique et laisser une triste mémoire dans les deux Eglises. Pourtant ce fut pendant qu'il parlait, bien imparfaitement, de l'abaissement et du sacrifice du Sauveur, qu'Angélique entendit retentir l'appel de Dieu. Heure divine, heure mystérieuse ! Toutes les impressions de l'enfance, toutes les luttes d'hier, l'ont préparée. Dans la pénombre, la tête cachée par son voile, les mains jointes, la jeune bénédictine perçoit d'abord, comme un frémissement, la présence de l'Eternel. Il est là, dans cette chapelle où si souvent sa rêverie a été bercée du chant monotone des offices, de la récitation ennuyeuse du chapelet. A cette heure, elle tremble devant l'ineffable et, toute recueillie, attend. Alors, doucement, à travers les mots humains, la voix divine se fait entendre. Dieu déploie, devant l'âme attentive, les splendeurs de son Amour, l'immensité du sacrifice accompli par Jésus-Christ, la grandeur infinie de la souffrance rédemptrice : « C'est pour toi, Angélique, que le Fils de Dieu est venu sur la terre. Pour toi, le Sauveur crucifié a donné sa vie. Il t'a aimée d'un amour éternel... ». Et puis la question suprême : « Et toi ? »

Jadis à Saint-Damien, devant un crucifix, François d'Assise l'ayant entendue, cette question, avait senti son âme bouleversée de tendresse et de repentir. Plus tard, Zinzendorf, devant un tableau du Calvaire, devait lui aussi la percevoir, et désormais sa vie serait transformée. De génération en génération, de très humbles moyens humains servent à Dieu pour la poser aux âmes qu'il veut attirer à Lui. Mais toujours elle est pressante, impérieuse, inéluctable...

Angélique a cédé. D'un élan de tout son être, elle se jette à genoux et, dans un don complet, s'offre entière, et pour toujours, au Sauveur crucifié. Ses désirs de bonheur mondain, elle les abandonne; sa jeune volonté altière, elle la courbe; son cœur surtout, elle l'apporte humble, contrit, brisé, sur l'autel du Seigneur.

« Je vous donne tout », dira plus tard Pascal, son héritier spirituel.

Elle fait de même, et sa vie est désormais orientée par les impressions de cette soirée bénie.

« La lumière s'est levée dans son âme, et cette heure fut comme le point du jour qui a toujours été croissant en elle jusqu'au midi », dit la relation de la mère Angélique de Saint-Jean.

CHAPITRE IV

COMMENCEMENT DE RÉFORME

La conversion véritable, si elle est généralement une première victoire, n'est que le point de départ d'une autre bataille, d'un long travail intérieur de perfectionnement et de sanctification. Dans l'âme qui a entendu et accepté son appel, l'Esprit de Dieu besogne désormais, émondant, ajoutant, purifiant. « Il commence l'œuvre et c'est Lui qui l'achève », dit un cantique, et la volonté humaine transformée devient l'auxiliaire du Divin ouvrier.

Angélique n'avait pas encore dix-sept ans ! Elle devait mourir à près de soixante-dix ans, sans qu'un seul jour de cette longue vie, son énergie combative, tendue dans la lutte, se fût relâchée.

Tout d'abord elle garda pour elle, pendant plusieurs semaines, dans le silence et le recueillement, le souvenir de l'heure qu'elle venait de traverser. Tout lui paraissait changé. Sa vocation de religieuse, acceptée par contrainte, était désormais une grande source de joie, tandis que sa charge d'abbesse, dont elle avait été si fière, lui devenait insupportable. Dans la ferveur de son jeune amour, elle aurait voulu fuir au désert, s'ensevelir inconnue dans un couvent, vivre « humble et cachée », sans avoir « d'autre soin que plaire à Dieu ». Elle découvrait toute la beauté de la prière et s'y livrait avec ardeur, s'enfermant de longues heures dans sa chambre et, la nuit, montant sans bruit au grenier, pour mieux prier. La Sainte Ecriture lui donnait ses trésors; elle la lisait, la relisait, la méditait avec cette émotion profonde et joyeuse de ceux qui retrouvent dans ses pages la voix divine, la voix douce et tendre de leur appel.

Angélique s'essayait aussi à la mortification, à l'ascétisme qu'elle pratiquera sa vie durant. La nuit, derrière un rideau, sur ses bras nus elle faisait couler des larmes de cire brûlante :

« Que voulez-vous, dira-t-elle plus tard, tout était bon en ce temps-là. »

Elle s'exerçait aussi aux jeûnes qui devaient avoir sur sa santé une triste répercussion. Côté étrange un peu déconcertant, de son caractère, et que les années n'atténueront guère. Mais ces pénitences constitueront toujours pour la très spirituelle mère Angélique, non un mérite à acquérir, mais un moyen de se maintenir dans l'humilité en la présence de Dieu.

A Pâques, un capucin, le père Bernard, reçoit le premier sa confession et lui fait entrevoir qu'elle est appelée à réformer son abbaye. Les difficultés abondent. Tout le couvent est contre elle, sauf une religieuse, la sœur des Granges. La prieure essaie de le lui montrer avec calme et bon sens. L'autorité ecclésiastique, en la personne de l'abbé de Cîteaux, est opposée aussi à la réforme et, chose plus grave encore, ses parents, avertis par une indiscrétion, lui interdisent d'y songer et tournent ses projets en ridicule.

Malgré sa jeune énergie, Angélique a

pour son père, « le meilleur qui fût », tout le respect, toute la tendresse possible ; l'offenser lui paraît un crime. D'autre part, sa conscience, aiguillée par son confesseur, est là, impérieuse, lui montrant cette réforme comme la tâche spéciale que Dieu lui envoie.

En été, la lutte est si aiguë que la jeune fille retombe malade et est une fois encore emmenée à Andilly, « cette maison si belle, qu'elle eût aimé n'en point sortir ». Là, malgré les observations de sa mère et les taquineries de son frère Robert, elle promène ses robes austères où elle a même supprimé les manchettes de linge. Elle dort toute habillée, au grand scandale des servantes.

Un rêve qu'Angélique fit à cette époque et qu'elle devait, à la fin de sa vie, raconter à ses sœurs à la « conférence », nous permet de juger de l'état de son âme.

Elle se voyait avec la sœur des Granges, au pied d'une montagne bien plus haute que celle des Mollerets, près de Port-Royal ! Une foule se trouvait sur le sommet de la montagne et une église merveilleuse descendait du ciel, pour enclore cette foule; Angélique et sa compagne voulurent monter là-haut; le chemin était escarpé, rude, difficile. En le grimpant, elles se répétaient la parole de Job : « Quand Dieu me tuerait, je ne cesserais d'espérer en Lui. » Arrivées près de l'église, elles cherchent la porte, y frappent et deux anges l'ouvrant, elles aperçoivent les splendeurs du saint lieu :

« Aucune forme, mais seulement une beauté et un ravissement étrange. Je pense que c'était Dieu », disait la toujours spiritualiste mère Angélique.

Dans le rêve, devant la vision merveilleuse, le sentiment de son indignité la saisit. Elle ne pénètre pas dans l'église céleste et, prenant le bras de sa compagne :

« Je n'ai point mérité ce que je vois. Il faut retourner travailler et combattre avant d'oser y prétendre... »

Et elle se réveille.

L'abbesse rentra à Port-Royal, où ses prières et sa persévérance commençaient à porter leurs fruits. Ses moniales l'aimaient et souffraient de la voir pâle, triste, brûlée par quelque feu intérieur. Le médecin envoyé par ses parents, M. de Sainte-Beuve, n'y pouvait rien, et la fièvre minait de nouveau constamment Angélique. La mère Catherine Dupont, qui avait pour elle une tendresse maternelle, finit par la supplier de lui ouvrir son cœur, lui promettant que l'on ferait ce qu'elle voudrait. Le lendemain (c'était pendant le carême 1609), au réfectoire, Angélique, avec une éloquence chaleureuse, mêlée de torrents de larmes, expliqua à ses religieuses qu'elles devaient tout mettre en commun. Gagnées par elle, elles vinrent l'une après l'autre, apportant leurs cassettes, leurs livres, leurs hardes, leurs trésors, déclarant donner à la communauté ce qu'elles possédaient, tout, jusqu'au petit jardin cultivé avec tant de joie.

Une autre fois, ce fut l'abstinence de viande, réclamée par l'abbesse qui la pratiquait depuis plusieurs mois, qui fut rétablie au monastère. Peu à peu, l'esprit de sacrifice, de renoncement, de pauvreté, s'y installait.

Sous les oliviers d'Assise, saint François avait ainsi gagné à son idéal ses compagnons de jadis, en leur chantant les délices de Dame Pauvreté. En ce commencement du XVIIe siècle, la piété joyeuse et naïve du XIIIe n'existait plus, et les ombrages sombres et humides de Port-Royal ne ressemblaient pas au ciel pur de l'Ombrie. Mais le même ascendant d'une âme forte, entièrement consacrée à Dieu, s'exerçait ici comme là, et la pauvreté voulue et consentie venait régner parmi les sœurs de Port-Royal, comme autrefois parmi les « petits frères » du « Poverello ».

Pourtant, M. et Mme Arnaud restaient irréductibles. Ils avaient fait déplacer le confesseur et s'effrayaient toujours davantage des projets de leur fille. La mère les considérait comme des lubies qui passeraient, et le père s'étonnait qu'elle osât résister à son autorité. Angélique allait livrer maintenant sa plus sanglante bataille.

CHAPITRE V

LA JOURNÉE DU GUICHET

LE 25 septembre 1609, un vendredi, le carrosse de la famille Arnaud prit dès le matin le chemin de Port-Royal. La visite avait été annoncée, et la mère, ou peut-être Mme Le Maître, avait reçu une lettre d'Angélique, suppliant de détourner M. Arnaud du voyage. Mais rien n'avait été tenté dans ce sens ; une fois son père présent, Angélique n'oserait certainement pas lui résister.

Au commencement de l'automne, les matinées en Ile-de-France ont souvent une exquise douceur. Le ciel léger, sur lequel passent de blancs nuages, les lointains lumineux, la terre rousse des champs moissonnés que déjà, çà et là, fend à nouveau la charrue, les bois qui se dorent, tout le paysage charmant et mesuré parle de sérénité, de paix et de joie. Dans le fond du carrosse, silencieuse, égrenant son chapelet, la mère songeait à la fille qu'elle allait revoir. Quelle étrange nature, avec cette volonté hardie, allant d'un extrême à l'autre! Mme Arnaud soupirait... Les parents sont parfois lents à discerner la main de Dieu sur leurs enfants, jusqu'au jour où leurs yeux sont brusquement ouverts : « Vous avez logé des anges sans le savoir », a dit l'apôtre.

Près de sa mère, Mme Le Maître se taisait aussi... Elle avait ses douloureux soucis personnels, les choses commençaient à se gâter de son ménage. Très digne, elle essayait de cacher sa peine à tous les yeux. Anne, elle, était toute contente. Le logis lui paraissait bien vide depuis que Marie-Claire était à l'abbaye, et Madelon n'était encore qu'un bébé. Certes, Anne ne regrettait pas son temps de couvent; elle était Mlle Arnaud, mais elle se réjouissait de retrouver ses trois sœurs et les religieuses qui les entouraient.

M. Arnaud et son fils Robert, M. d'Andilly, causaient, l'âme libre, égale, heureux de cette journée de « vacation ». Ils pensaient aux travaux du domaine, aux coupes à entreprendre, faisaient des projets.

Tandis que le carrosse approche, Angélique s'est réfugiée à l'église. Depuis le matin, les ordres sont donnés et elle a en mains les clefs des portes. C'est maintenant au pied de l'autel qu'elle va chercher la force suprême dont elle a un si profond besoin. Rarement la parole du Maître : « Celui qui aime son père et sa mère plus que moi n'est pas digne de moi », a eu dans une âme de jeune fille un tel retentissement. Jamais ses parents ne lui avaient été plus ardemment, intimement chers; jamais elle ne les avait plus passionnément respectés et aimés; et pourtant sa résolution était irrévocablement prise. M. de Vauclair, son confesseur, l'approuvait, et surtout, dans sa conscience, elle entendait impératif, inéluctable, l'ordre de Dieu de rétablir la clôture.

Laissons la mère Angélique de Saint-Jean nous raconter elle-même la scène dramatique qui va suivre, telle qu'elle la tenait de son père, de sa tante et des différents témoins :

« *Sur l'heure du dîné, les Religieuses étant au Réfectoire, la compagnie arrive, et la Mère qui se préparait devant Dieu, dans l'église, à soutenir l'assaut, entendant le carrosse, sort et s'en va attendre à la porte de clôture, où M. Arnaud et sa compagnie étaient. Dès qu'ils furent descendus de carrosse, ils vinrent heurter pour se faire ouvrir à l'ordinaire. Toutes celles qui savaient le dessein de la Mère, bien loin d'approcher, se retirèrent toutes. Elle seule s'en vint avec une résolution merveilleuse et ouvre le guichet. M. Arnaud se présente et lui commande de lui ouvrir la porte. On ne sait point en quels termes elle lui répondit parce que tout le monde s'était éloigné, sinon qu'on sait qu'elle le supplia de vouloir entrer dans un petit Parloir qui était tout proche la porte, où elle lui pourrait parler. S'il y eut jamais personne surprise, ce fut lui et tous ceux qui étaient avec lui, qui n'auraient jamais attendu une telle résolution d'une jeune fille de dix-huit ans. Il insiste, il presse, il commande, il se fâche, il frappe de plus en plus afin qu'on lui ouvre. A tout cela elle ne fait que la même réponse que s'il agréait d'entrer dans le Par-*

loir, elle se donnera là l'honneur de lui dire ses raisons ».

Mme Arnaud entre en colère, et se met à parler hautement à sa fille, qu'elle nomme une ingrate; et M. d'Andilly qui était un jeune homme de vingt ans et tout de feu, commence à le prendre d'un ton encore plus haut, et à dire ce que les autres ne disaient pas, et ce que la passion peut suggérer en ces rencontres à un fils qui croit agir avec d'autant plus de justice qu'il ne venge pas sa propre injure, mais celle d'un père offensé en apparence par sa propre fille. Après l'avoir appelée un monstre d'ingratitude et une parricide qui répondrait devant Dieu de la mort de son père, qu'elle ferait mourir de regret d'avoir élevé avec tant d'amour une fille qui le traitait de la sorte, il commença à s'en prendre aux Religieuses, à les appeler, à les conjurer de ne pas souffrir qu'une personne à qui elles avaient tant d'obligations souffrît cet affront chez elles.

Le bruit qui se faisait à la porte s'entendait du Réfectoire. Celles qui étaient du sen-

timent de la Mère, s'entre-regardaient et priaient Dieu en leur cœur qu'il la fortifiât. Une bonne ancienne nommée Dame Morel, qui n'était pas tant pour la réforme, sortit dans la cour tout en colère et, cherchant la Religieuse qui avait coutume d'avoir les clefs, criait tout haut :

— Quelle honte de ne pas ouvrir à M. Arnaud!

Et elle en murmurait hautement. Il n'y avait pas jusqu'à de pauvres femmes de journée, qui écuraient dans la cour, qui n'en dissent leur sentiment, et qui ne condamnassent l'ingratitude de Mme de Port-Royal, qui traitait son père de la sorte, et encore un père tel que M. Arnauld, qui était si bon et qui faisait du bien à tout le pays pour l'amour d'elle : ce qu'elles disaient, parce qu'en effet il avait fait beaucoup de bien aux pauvres gens, qu'il faisait travailler à tout ce qui était utile à la maison, pour leur faire gagner leur vie.

Tout cela faisait grand bruit, mais ne diminuait rien de la confiance de la Mère.

M. Arnauld, voyant qu'il n'avançait rien par toutes ces voies, commença à dire qu'il voulait qu'on lui rendît tout à l'heure ses deux Filles qui étaient dans le couvent. Il parlait de la mère Agnès et de feue sa sœur Marie-Claire, qui n'était qu'une enfant de neuf ans.

La mère Angélique comprit dans le moment son dessein, qui était qu'ouvrant la porte pour faire sortir ses filles, il prétendait entrer lui-même et ainsi en venir à bout, ou de gré ou de force. Mais elle, sans se troubler et avec autant de présence d'esprit que si tout ce qui se passait ne l'ait point touchée, donna la clef de la petite porte, qui était dans l'église, à une Religieuse à qui elle se fiait et la chargea d'aller faire sortir ses deux sœurs par là : ce qui fut fait si promptement que M. Arnauld fut tout surpris de les voir arriver avant que de savoir qu'on les eût fait sortir. Mais d'abord ce fut M. d'Andilly qui, les voyant venir s'en alla au-devant d'elles dans la cour et, s'adressant à la Mère Agnès, commença à lui faire de grandes plaintes contre sa sœur. La mère Agnès répondit avec sa gravité, que sa sœur n'avait point tort, qu'elle ne faisait que ce qu'elle était obligée de faire, et ce que le Concile de Trente lui commandait. M. d'Andilly, l'interrompant, commença à dire à la compagnie :

— Oh! vraiment! Nous en tenons, en voici encore une qui se mêle de nous alléguer les Canons et les Conciles.

Il n'y avait en tout cela que les deux sœurs, Mme Le Maître et Mlle Arnaud, qui ne disaient mot, étant également touchées de la peine de M. Arnaud et de celle de la Mère Angélique, qu'elles savaient bien ne pas faire ce qu'elle faisait sans qu'elle en souffrît beaucoup, et qu'elle ne fît un horrible effort à son naturel.

Enfin M. Arnaud, voyant qu'il n'avançait rien, fit mettre les chevaux au carrosse pour s'en retourner. Avant que de partir, il consentit à la fin à entrer dans le Parloir, pour dire un mot à sa fille qui l'en suppliait toujours avec de grandes soumissions. Elle y entra de son côté. D'abord qu'elle ouvrit la *grille, elle aperçut ce bon père dans un saisissement de douleur qui était peint sur son visage, et qui en produisit un en elle qui ne se peut exprimer. Ensuite il lui parla en peu de mots, et lui fit entendre que jusque-là elle avait eu un père qui l'avait aimée, qui avait porté ses intérêts et qui avait pris soin de toutes ses affaires plus que des siennes propres; que dorénavant sa conduite envers lui l'empêcherait de lui pouvoir donner les mêmes preuves de l'amour qu'il ne laisserait pas de conserver pour elle, et qu'en lui déclarant qu'il ne la reverrait plus, il lui faisait une dernière prière, qui était que, pour l'amour de lui, elle eût soin de se conserver elle-même et de ne pas ruiner sa santé et sa vie par des austérités indiscrètes.*

Jusqu'ici le courage de la Mère, et la générosité de grâce que Dieu avait répandue dans son cœur l'avaient soutenue et comme rendue insensible, quoique non pas dans les sens, à tous les reproches et à la colère animée de paroles injurieuses même des personnes qui lui touchaient de plus près. Mais à ce dernier coup, qui n'attaquait plus la confiance et la fermeté qu'elle s'était résolue de témoigner à Dieu en l'établissement de cette observance de clôture, mais qui la blessait dans l'affection la plus sensible et la plus tendre qu'elle avait pour un père aussi bon qu'il paraissait par ces dernières paroles, lui perça le cœur d'une douleur si pénétrante, que son corps ne pouvant plus supporter l'horrible combat de son esprit, elle tomba par terre toute évanouie.

A l'instant, toute l'affaire change de face. M. Arnaud, ne se souvenant plus qu'il était offensé, mais qu'il était père et ne sachant si sa fille était encore en vie, crie, appelle, pour faire venir les Religieuses relever sa fille qui était toute seule dans le Parloir; mais pas une n'avait l'assurance d'entrer, car ce jour-là on était bien éloigné de courir où l'on entendait du bruit; on s'enfuyait plutôt. Mme Arnauld, M. d'Andilly et les autres, qui de leur côté n'étaient pas moins en peine, courent à la porte du couvent, où ils commencent de heurter et de faire un tel bruit, qu'il semblait qu'ils la dussent enfoncer. Les Religieuses qui les entendaient, pensant qu'ils voulaient faire un dernier effort pour entrer, n'étaient pas si hardies de se présenter pour leur répondre. Enfin pourtant, faisant un peu d'attention à ce qu'ils disaient, elles entendirent la voix de M. d'Andilly, qui leur criait de toutes ses forces, qu'elles s'en allassent songer à leur Abbesse qui se mourait dans le Parloir. A l'instant, elles y entrèrent toutes, et trouvèrent la pauvre Mère encore par terre, sans sentiment et sans connaissance. Après lui avoir fait tout ce qu'on a accoutumé de faire en semblables rencontres pour la faire revenir de sa faiblesse, elle commença avec peine à ouvrir les yeux; et voyant Monsieur son Père, encore à la grille, qui était dans une inquiétude et une appréhension qui ne se peut dire, elle fit effort pour lui dire ces paroles : qu'elle ne lui demandait autre chose, sinon qu'il voulût bien ne s'en aller pas ce jour-là.

Le passé était passé. Le pauvre M. Ar-

nauld ne se souvenait déjà plus que de l'état où il voyait sa fille, de sorte qu'à l'instant il lui promit qu'il ferait tout ce qu'elle voudrait. Cependant on emporta l'Abbesse dans sa chambre pour la mettre au lit, et en rien de temps on prépara un autre lit dans le Parloir, pour l'y rapporter lorsqu'elle aurait un peu repris ses esprits et ses forces.

Lorsqu'elle fut couchée dans le Parloir auprès de la grille, on se mit à parler tout paisiblement de tout ce qui s'était passé, toute animosité étant cessée dans les esprits qui avaient dans le cœur beaucoup plus d'amour que de ressentiment de l'offense qu'ils croyaient leur avoir été faite.

. . . .

Voilà l'histoire mémorable de cette journée du guichet, et ensuite de laquelle la mère Angélique n'eut plus d'oppositions à sa réforme, qu'elle tâchait de perfectionner de jour en jour.

CHAPITRE VI

LA VIE A PORT-ROYAL

Il faut maintenant retourner travailler et combattre! s'était écriée Angélique à Andilly, à la fin de son rêve. Sa longue existence de labeur est devant elle. Il nous serait difficile de l'y suivre jour après jour, et désormais il nous faudra procéder par étapes. Essayons d'abord de nous rendre compte de ce que pouvait être la vie à Port-Royal, en ces premières années de la réforme du monastère.

Peu à peu les murs de clôture se rebâtiront, ô triomphe de l'amour paternel! sous la direction de M. Arnaud lui-même, qui a été nommé officiellement intendant du domaine, mais ne pénètre pas dans les lieux habités. L'habile avocat a su même utiliser la réforme tant combattue, pour obtenir enfin du pape les bulles demandées et, le 7 mai 1610 (une semaine avant la mort de Henri IV), Mme Angélique prononce ses vœux. Au fond du cœur, elle conservait l'espoir de quitter un jour Port-Royal et de s'établir sœur converse dans quelque couvent ignoré. Nous la verrons garder longtemps ce désir, sans que jamais il puisse la détourner de la tâche du moment.

Actuellement, il s'agit d'organiser à l'abbaye la réforme établie, d'y faire revivre la règle de saint Benoît dans toute son austérité, en la purifiant, la spiritualisant, comme Angélique fera de toutes choses. Agnès est près d'elle, sa confidente, sa collaboratrice. Vingt-sept ans après la réforme, ce sera la mère Agnès qui écrira les *Constitutions* résumant, condensant, cristallisant ainsi les expériences que les deux sœurs auront faites ensemble, et toute l'inspiration, tout le souffle que la mère Angélique a su faire passer dans la monotonie des règlements et des offices. A travers les pages jaunies du petit livre, c'est Port-Royal que nous voyons ressusciter, ce

Port-Royal austère et calme des premières années, quand la tempête ne grondait pas encore.

A deux heures du matin, hiver comme été, dans l'église froide et nue, on chante matines et, jusqu'au soir, la vie bénédictine se déroule, coupée d'offices, de travail manuel, de prières. Ce qui nous frappe, c'est l'intense sève religieuse qui circule à travers ces journées, faisant de chaque minute, de chaque occupation une louange à Dieu et une pénitence pour le péché. La « tourière », à la porte près du guichet, la « cellerière » à la dépense, la « réfectorière » à la salle à manger, la « sacristine » et la « chantre » à l'église, l' « infirmière », près des malades (et il y en eut toujours beaucoup dans ce lieu si malsain), la « robière » et la « lingère », comme la « sous-prieure » et la « prieure », comme les religieuses occupées à la cuisine, à faire le pain ou à coudre les vêtements, comme la « maîtresse des novices », chacune de ces sœurs doit regarder son emploi comme reçu de Dieu pour le bien des autres. Tout se fait avec obéissance, exactitude, régularité, simplicité, avec un si ardent désir d'humilité et de pauvreté qu'il « ne faut chercher à exceller ni se contenter dans ses ouvrages », quoique en s'y appliquant de toute sa conscience.

A l'église, le chant des offices sera le plain-chant harmonieux, grave, où les voix fondues ensemble n'en feront qu'une, celle de la chantre « s'insinuant insensiblement parmi elles, en sorte qu'elle semble plutôt les suivre que les prévenir ».

Partout, dans les cellules du dortoir où on se retire pour prier, réciter les Psaumes, méditer l'Ecriture Sainte, dans les couloirs où l'on se rencontre en allant chacune vivement à sa tâche, dans le jardin qu'on sarcle joyeusement, partout règne le silence, ce « silence où se garde l'humilité », a écrit la mère Angélique, silence plein de pensée, d'adoration, de recueillement, le silence de la présence invisible et continuelle de Dieu.

Ce silence devait, avec les années, devenir une des caractéristiques de Port-Royal et de son abbesse. C'est peut-être à lui, comme aussi à la Parole de Dieu, que les religieuses lisent et méditent avant toute chose, et à la vie d'ardente charité qui rayonne autour de l'abbaye, que celle-ci dût d'échapper aux petites histoires, aux dévotions mesquines, aux extases morbides, à la piété fade et malsaine de tant de couvents.

L'influence de la vie intérieure profonde d'Angélique s'y fait constamment sentir.

L'esprit de piété que ces âmes tâchent de suivre n'est pas une ferveur sensible, ni un désir de recevoir le don d'oraison, disent les Constitutions. *Elles mettent leur dévotion à renouveler sans cesse le souvenir de Dieu, à le regarder et à lui rapporter toutes choses.*

Et encore : *La charité mutuelle qu'on désire établir dans ces âmes n'est point fondée sur des caresses et sur des familiarités les unes envers les autres. Elles savent que cette vertu divine est répandue dans les cœurs par le Saint-Esprit, et quand même elle ne parait point à cause du soin qu'on a de retrancher toutes les marques extérieures qui ne serviraient qu'à nourrir l'amour-propre, on ne laisse pas de croire qu'elle y est et se fera sentir quand le temps sera venu. — L'esprit de cette maison est un esprit de prière, non pas que plusieurs aient dans l'oraison des grâces extraordinaires que Dieu communique à qui Il lui plaît; mais parce que toutes savent la nécessité qu'il y a d'attendre tout de la grâce de notre Seigneur Jésus-Christ, ensuite des prières qu'on lui offre comme à notre unique médiateur... La dévotion à la Parole de Dieu, c'est-à-dire l'Ecriture Sainte, doit suivre l'esprit d'oraison. Elles (les religieuses) ont grand respect aux livres saints dans lesquels Dieu même parle aux hommes. Elles préfèrent cette lecture à toute autre...*

Voilà le Port-Royal de la mère Angélique : « Un retour au christianisme pur et renouvelé par le secours de la prière et des livres saints, une régénération morale demandée avant tout à l'inspiration directe de Celui dont l'Esprit souffle où il veut... », a pu dire l'éditeur des lettres de la mère Agnès, Prosper Faugère.

Entre les murs sombres, dans le silence sonore des couloirs voûtés, notre imagination évoque la silhouette de la jeune abbesse. Sa robe de laine grossière est mal coupée et tombe en plis lourds autour d'elle, mais ne peut dissimuler sa taille imposante, sa démarche digne, son allure royale. Ses mains, que l'arthritisme déformera plus tard, sont longues et fines. Le voile noir des bénédictines encadre sa figure aux traits accusés, énergiques, dont un masque de cire pris sur son lit de mort nous rend encore l'étrange beauté. Entre les sourcils, le pli profond de la pensée se creuse, mais les yeux bruns rayonnent de lumière et de bonté. La voix impérieuse et nette peut s'adoucir dans une inflexion d'infinie tendresse quand elle parle aux enfants, aux malades, aux pauvres. Elle a la répartie prompte, parfois moqueuse, une éloquence brûlante, concentrée, lapidaire, comme ceux qui savent beaucoup se taire. Toujours autoritaire, impatiente même, elle supporte difficilement les « sottises » des sœurs, les contradictions de ceux qui l'entourent.

« Je viens de me mettre en colère et de parler avec bien du mépris de quelqu'un, et j'ai dit quelque chose afin qu'on fît ma volonté... », écrira-t-elle à sa grande amie, Mme de Chantal.

Après les vivacités de caractère, le remords vient, et il est souvent arrivé à Mme Angélique d'aller s'agenouiller devant ceux qu'elle craignait d'avoir offensés, pour leur demander pardon. Nul n'a jamais su quelles rudes disciplines, quelles pénitences elle s'infligeait en cachette, pour maîtriser cette volonté rebelle, que seule la grâce de Dieu, grandissant en elle, devait courber entièrement dans l'obéissance.

A côté de cette austérité rayonnait le charme infini de sa bonté. A mesure que la mère Angélique voulait pour elle et ses religieuses la vie de renoncement, elle apprenait aussi à donner avec cette générosité enthousiaste des grandes natures, qui font de la charité le ministère heureux par excellence. Les pauvres du pays connaissaient le chemin de l'abbaye et le « cœur extraordinaire » de Mme de Port-Royal. Elle soignait les malades, saignait, pansait, recevait des confidences, consolait, évangélisait. Au couvent même, elle passait des nuits à l'infirmerie, ou prenait dans sa chambre les sœurs souffrantes, surtout celles dont les infirmités étaient les plus pénibles et les plus répugnantes. Et toujours sans trop écouter les plaintes, les gémissements, « détestant les tendretés », relevant les courages, stimulant les volontés défaillantes. On savait qu'elle pouvait elle-même supporter sans rien dire la souffrance, et on n'osait pas trop pleurer. On la craignait, mais surtout on l'admirait et on l'aimait.

Peu à peu, hors du cercle de l'abbaye, du pays d'alentour, de la famille Arnaud, le nom de la mère Angélique devenait célèbre. Quand elle l'apprenait, elle s'en effrayait, sachant bien que le démon de l'orgueil a la vie dure et ne se tue pas en un jour. Alors, elle se jetait au pied du crucifix.

« *Le remède des âmes est de se tenir le plus possible en un grand abaissement devant Dieu, et de se considérer comme pauvre et infirme qui ne peut agir que par sa grâce et la vertu de son Esprit* », écrit-elle.

Plus le théâtre de son activité et de son influence va s'agrandir, plus la lutte deviendra rude et plus elle se cramponnera de toute sa foi et de toute sa ferveur aux promesses divines :

« Quand il n'y aura plus de Dieu, je perdrai courage; mais tant que Dieu sera Dieu j'espérerai en lui », devait-elle dire dans un de ses derniers combats.

CHAPITRE VII

LES SIX FILLES DE Mme ARNAUD

UN des grands sujets de joie et d'anxiété d'Angélique fut certainement sa famille.

La famille! La douceur des liens du sang, des tendresses, des souvenirs partagés, l'accord mystérieux créé par l'hérédité amène entre les êtres nés au même foyer, et malgré les caractères différents et les destinées diverses, une harmonie de sentiments, une compréhension profonde, une communauté d'idéal qui sont un des plus purs bonheurs d'ici-bas. Quand tout cela, si vraiment humain, est élevé, purifié, sanctifié par l'Esprit de Dieu, quand entre les présents et les absents, ceux qui peinent encore ici-bas et leurs Invisibles là-haut, une foi semblable, une même espérance, une commune charité, ont tendu leurs fils mystérieux, le faisceau familial est si fort que rien ne saurait le rompre.

> Tout coule, passe... tout! Mais l'amour des tiens
> Pour toi, le tien pour eux, c'est à toi tu le tiens;
> Rien ne te l'ôtera...

a dit le poète. Et le chrétien, prenant dans ses mains ce trésor, le parfum de grand prix plus précieux que sa propre vie, va le répandre aux pieds du Maître, donnant librement ce que personne ne saurait lui enlever.

C'est ce que fit Angélique Arnaud. A dix-sept ans, elle avait fait à Dieu le sacrifice de sa tendresse pour ses parents, et elle eut la joie de voir venir à Lui, par le même sentier escarpé qu'elle avait choisi, toutes ses sœurs, sa mère, deux de ses frères, cinq nièces et quatre neveux, sans compter ceux qui « restant dans le monde », comme son père, subirent l'ascendant de sa piété et vécurent chrétiennement. L'influence de M. de Saint-Cyran fut jointe à la sienne, il est vrai, comme nous serons appelés à le voir. Elle en accentua peut-être la rudesse et l'austérité. En pensant à lui et à la famille Arnaud, on ne peut s'empêcher d'évoquer la délicieuse figure de Marie-Claire, dont l'âme tendre et pure, enivrée de renoncement, arracha après sa mort cet éloge au savant docteur :

Elle est du nombre de ces âmes dont on doit être assuré qu'elles sont à Dieu... On ne sait que dire de ces esprits qui sont excessifs dans l'amour de la vérité, dans l'exercice de la pénitence et de la charité.

En 1616, il y avait déjà à Port-Royal trois filles de M. Arnaud; une quatrième allait venir les rejoindre. Au mois d'octobre, la veille de la Saint-Denis, le carrosse familial se dirigeait vers l'abbaye comme cinq ans auparavant, Anne était cette fois assise près de sa mère et la main dans sa main. C'était une jeune fille de vingt ans, vive, pétrie d'esprit, intelligente, charmante. Ses succès avaient été grands dans le monde les hivers précédents et, deux fois de suite, elle avait été demandée en mariage par un « honnête homme » que son père estimait. M. et Mme Arnaud la voyant se distraire avec tant d'entrain, lire les romans qui paraissaient, fréquenter chez la duchesse de Guise, avaient espéré la garder près d'eux. Indépendante, volontaire comme avait été jadis Jacqueline, n'aimant pas beaucoup les soins du ménage, Anne était parfois, il est vrai, en rébellion ouverte contre sa mère. Sa grande sœur de Port-Royal, à qui elle allait se confesser, la reprenait, la consolait, la sermonnait et, quand la jeune fille était repartie, priait longuement pour elle.

Ainsi, lentement, dans l'âme de l'enfant, un travail s'était fait. Un jour, dans l'église Saint-Merry, après avoir lu une épître de saint Jérôme sur la virginité, elle avait vu Jésus-Christ lui-même lui passer un anneau au doigt. Elle avait commencé à suivre Catherine aux offices et aux prédications. Celle-ci, dont la vie conjugale était maintenant brisée, habitait chez ses parents, élevant ses enfants aussi chrétiennement qu'elle le pouvait. Anne retournait souvent à Port-Royal, l'influence d'Angélique grandissait...

« Moi, que je croie que ma fille veut être religieuse ? Comment se résoudrait-elle à vous promettre obéissance ? Elle a bien de la peine à la rendre à son père et à moi », répondit un jour Mme Arnaud à la jeune abbesse.

M. Arnaud avait déclaré qu'il ne se résignerait à voir entrer cette enfant au couvent qu'après sa mort... Pourtant, ils avaient cédé et ils l'accompagnaient ce matin-là, le cœur serré.

Au moment où le carrosse quitta la ville, Anne eut un moment de grande émotion; mais ensuite, avec l'enthousiasme et la gaieté de son caractère, la joie prit le dessus.

Port-Royal paraissait plus triste que jamais dans l'humidité de ce jour d'octobre, et M. Arnaud regardait en soupirant les murs sombres de la maison qui, peu à peu, lui prenait tout ce qu'il aimait.

Près de la grille du parloir, les trois sœurs

attendaient : Angélique avec sa dignité charmante, toujours émue en retrouvant son père et le cœur battant de joie d'accueillir Anne; Agnès, plus replète, calme, souriante : elle allait, comme maîtresse des novices, prendre la charge de sa petite sœur et lui promettait ironiquement de la traiter comme une ignorante et de bien l'humilier; Marie-Claire, enfin, ayant depuis un mois à peine terminé son noviciat, dans la beauté et la fraîcheur de ses dix-huit ans, avec ses yeux lumineux de pureté et d'ardeur.

Anne leur sourit. Une expression nouvelle de modestie et de douceur passait sur sa figure. Sa jolie tête altière se baissait dans l'attitude de la prière : elle aussi se courbait sous la main divine : « Mon joug est aisé et mon fardeau léger », disait l'Evangile du jour.

Le lendemain, le monastère fermait ses portes sur elle. Au moment de se séparer de sa mère, de Mme Le Maître et de la petite Madelon, Anne avait éclaté en sanglots. M. Arnaud, parti en avant pour ne pas assister à ces adieux déchirants, revint promptement sur ses pas, et voulait la ramener à Paris. Mais la jeune fille, troublée et agitée, resta ferme pourtant, et ce jour-là Port-Royal compta, parmi ses habitantes, une Arnaud de plus.

Accueillie avec joie, elle l'est aussi avec curiosité. Agnès et Marie-Claire sont, depuis la réforme, tout à fait de la maison. L'abbesse de Saint-Cyr a, dès les premiers jours de la clôture, demandé à déposer sa croix d'or, à devenir novice ; et Angélique, avec une tendresse brusque, lui promettant des pénitences si elle n'est pas exacte au chœur et à l'office, le lui a accordé. La grande abbesse a fait davantage : elle a appliqué à sa sœur la discipline rude qu'elle exerçait sur elle-même. Elle s'est essayée à la rendre, « moins glorieuse, moins délicate, propre et attachée à ses habits ». Agnès était plus mystique qu'Angélique, écrivait aussi plus facilement, d'un style plus aisé, quoique empreint de recherche et de préciosité. Elle entrait dans les vues de sa sœur, partageant ses ambitions, ses rêves, ayant comme elle une grande indépendance d'esprit alliée à une soif profonde d'obéissance et de renoncement. Elle excellait comme maîtresse des novices, et, sous l'inspiration d'Angélique, elle contribua à former cette première génération de Port-Royal où il semble que les âmes, dans le silence de l'oraison et la joie du sacrifice, se tenaient constamment en présence de Dieu : « Vous êtes mon Seigneur et mon Dieu... Donnez-moi, Seigneur, votre eau divine... Je dors et mon cœur veille... », murmuraient les sœurs en glissant dans les couloirs de l'abbaye. Et la paix divine enveloppait la maison.

Anne l'éprouva très vite. Le premier soir, en jeune fille coquette et raffinée qu'elle avait été jusque-là, elle trouva sa cellule bien vide et sa table de bois blanc bien nue. Mais Angélique vint la trouver et, avec son éloquence brûlante, lui apprit « le mystère de la pauvreté de Jésus-Christ, qui n'est révélé qu'aux humbles ».

La leçon fut comprise. Dès le lendemain, la jeune mondaine était au poulailler, pleine d'ardeur ; elle passa ensuite à la cuisine, au jardinage. Certes, parfois la fatigue physique, peut-être aussi quelque vision du passé, l'assombrissaient un moment, mais la joie revenait vite :

Toutes choses me consolaient, a-t-elle écrit. Il me souvient qu'une fois, ayant l'esprit tout abattu, je fus toute ravie en voyant seulement les étoiles, et une autre fois en entendant sonner nos trois cloches. Voyant chanter aux sœurs le bénédicité et les grâces, qu'elles allaient achever en procession dans le chœur, cela me faisait souvenir du Paradis...

Agnès lui enseignait l'oraison et lui apprenait à combler le vide de son cœur en se laissant consoler par Dieu. Marie-Claire qui, comme une flamme très pure, brûlait sur l'autel, lui montrait par son exemple la douceur d'être au Maître, avec tremblement et tranquillité.

— « Ensemble, nous aimions si fort cette

demeure sombre, a dit Anne, que nous n'avions pas seulement la pensée de nous promener dans les jardins. »

Plus tard, Madelon devait venir les rejoindre, pauvre petite figure effacée, toujours malade, qui offrait à Dieu, en sacrifice, son regret de ne pas voir davantage ses sœurs abbesses.

Catherine, au foyer paternel, où son pauvre cœur douloureux était entouré d'affection, était pour Angélique une précieuse aide. Pendant des années, elle fut vraiment la providence de Port-Royal, sachant pourvoir avec intelligence et discrétion aux besoins des sœurs, bonne pour tous. Physiquement, elle ressemblait à Angélique, avec quelque chose de plus doux. Des filles d'Antoine Arnaud, ce fut la plus humaine, tendrement, simplement maternelle. Trente ans plus tard, quand il lui sera permis de venir, elle aussi, se mettre sous la direction de sa sœur, ce sera pour elle une joie profonde. Mme Arnaud, déjà religieuse depuis des années, aura alors autour d'elle ses six filles.

CHAPITRE VIII

A MAUBUISSON

La mère Angélique allait être appelée à quitter, pendant quelques années, ce Port-Royal devenu son œuvre, et à porter ailleurs son zèle de réformatrice.

L'abbesse de Maubuisson, Mme d'Estrées, avait continué à mener une vie scandaleuse. Protégée longtemps par le souvenir de la belle Gabrielle et l'influence de son frère le maréchal d'Estrées, elle avait pourtant fini par indisposer tout le monde, emprisonnant les religieux qu'on lui envoyait pour la reprendre, et résistant même à la justice du roi. Finalement, enlevée de force par les archers royaux, dans une vraie scène d'opérette, elle venait d'être enfermée aux « Filles repenties ». L'abbé de Cîteaux cherchait quelqu'un pour la remplacer et ramener dans le bon chemin le monastère où l'influence de l'abbesse avait été néfaste. Les religieuses se déclaraient prêtes à obéir à la mère que leur amènerait le supérieur, pourvu qu'elle fût professe de leur maison.

M. de Cîteaux avait son plan... Il savait qu'Angélique avait fait profession à Maubuisson dans son enfance, et il obtint l'assentiment de M. Arnaud.

Angélique elle-même était trop heureuse d'obéir à son père et à l'abbé supérieur de son ordre, quand cette obéissance impliquait un sacrifice. Elle acquiesça joyeusement, puis annonça son départ à ses filles... Peut-être leurs larmes et leur tristesse lui firent-elles mesurer pour la première fois le chemin parcouru depuis dix ans, et leur vénération et leur tendresse.

Trois d'entre elles devaient l'accompagner : la mère de la Croix, Isabelle-Agnès de Châteauneuf, et Marie-Claire. Pour elles aussi ce départ amenait une cruelle séparation, de rudes difficultés à prévoir. Angélique, la veille, prit Marie-Claire à l'infirmerie et lui montrant les lits des malades :

« Choisissez celui que vous voulez, ma

sœur; car au retour de Maubuisson, vous l'occuperez souvent ».

L'enfant de dix-huit ans leva sur sa grande sœur son pur et brûlant regard et sourit. Elle savait bien que si l'abbesse, dans son âme héroïque et romaine, lui demandait ce sacrifice, c'était lui montrer sa prédilection.

Pour Agnès, le renoncement demandé était plus dur encore, quoique différent. Elle restait supérieure de Port-Royal, sans le secours de celle qui l'avait jusqu'ici guidée. Au moment où le carrosse quittait l'abbaye, le 19 février 1618, elle se prosterna dans la chapelle, murmurant, comme les disciples au Maître : « Nous avons tout quitté, tout... »

A Paris, pendant cinq jours, Angélique, rentrant au foyer paternel, eut la douceur de s'y sentir plus que jamais la fille chérie et respectée. Elle nous a conservé le souvenir amusant d'une conversation qu'elle eut avec la petite Madelon de huit ans, sa dernière sœur. La fillette déclarait son désir de se marier pour avoir des enfants. L'abbesse en rit gaiement et pourtant, plus tard, en y repensant, elle trouvera Madelon mondaine et fera de la conversion de cette enfant le sujet de ses prières. Plus elle va, et plus Angélique ne conçoit la vie chrétienne, pour elle et pour les siens, que dans le silence et la retraite derrière les murs d'un couvent.

Le 24 février, M. de Cîteaux et Mme Arnaud l'accompagnaient à Maubuisson. Quand ils arrivèrent, on y chantait l'office, dernier vestige de vie religieuse; et quel office! Les nonnes se dépêchaient à qui mieux mieux d'en finir, et elles psalmodiaient « d'une manière si pitoyable et si ridicule, qu'on avait peine à juger si elles chantaient ou se querellaient ». L'office terminé, elles se groupèrent à la porte pour saluer leur supérieur et la nouvelle abbesse, mais le firent avec une froideur compassée qu'Angélique remarqua tout de suite. Sa réputation d'austérité l'avait précédée, elle faisait peur.

Souriante, aimable, elle fit alors les premiers pas. Elle tendit les bras à une vieille religieuse, l'appelant « ma grande amie », comme au temps de son enfance, essayant de se rappeler les noms des autres et de les apprivoiser.

La tâche était délicate. Les relations jetant un voile pudique sur les désordres du couvent, soulignent seulement qu'aux jours de fête les moniales retrouvaient aux bords des étangs les moines de Saint-Martin-de-Pontoise pour danser avec eux. Pas de vie religieuse, pas de vie morale, pas de vie de travail; le relâchement, la mollesse, l'ennui.

Angélique était armée et prête au combat. Dix ans de recueillement, d'obéissance, de prière lui avaient appris la méthode divine pour ramener les égarés : celle de l'exemple quotidien dans l'abnégation et l'amour. Elle l'enseigna à ses collaboratrices. Pas de sermons, de reproches, peu de paroles. Le sourire sur les lèvres, l'âme pleine d'humilité et de douceur, elles iront au milieu des autres, strictement ponctuelles dans leurs devoirs religieux, prêtes à servir et à aider en tous temps.

Près d'une vieille religieuse aveugle et délaissée, Angélique va s'asseoir des heures entières et essaie doucement de l'amener à Dieu. Au chœur, la mère de la Croix, excellente musicienne, cherche à introduire un peu de sérieux et d'harmonie; Marie-Claire, de son pur soprano, la soutient et Angélique « se rompt l'estomac » à chanter en mesure avec la solennité requise. Pour enseigner la pauvreté, elles choisissent les plus mauvaises cellules; l'abbesse, avec son exagération passionnée, allant jusqu'à élire domicile dans une soupente habitée par les punaises et hantée par les rats. Elles mangent le pain des sœurs converses, refusent de se faire servir, soignent les malades avec affection, exemples vivants de charité et de ferveur.

Ce n'est pas inutile. Peu à peu la bonté fait tomber les préventions, le sourire dissipe les méfiances, l'humilité désarme, la pureté émeut. Progressivement, sans éclats, sans discours, la mère Angélique établit son autorité, relève la clôture, ramène un peu de vie régulière dans l'abbaye. Mais cela ne suffit pas à son ambition ; elle comprend pourtant que si elle peut supprimer le désordre et ramener le sérieux au couvent, jamais, chez ces religieuses sans vocation, elle n'allumera la flâmme de l'enthousiasme divin. Alors, avec l'appui de M. de Cîteaux, elle appelle à elle les jeunes filles modestes et pauvres désirant servir Dieu. Elle en groupe une trentaine que dirigera sa sœur Anne-Eugénie, et ce noviciat fidèle et plein de ferveur sera, dans la pâte lourde et amorphe, le précieux levain destiné à transformer l'abbaye.

La paix régnait donc à Maubuisson. Une fois de plus, le prestige d'Angélique, ses talents d'éducatrice, sa puissance spirituelle s'exerçaient autour d'elle sans conteste, quand se produisit un coup de théâtre inattendu. C'est là une page pittoresque, héroïque, comique même, dans cette vie si austère et si grave.

En septembre 1619, avec l'aide de son beau-frère, le comte de Sauzé, et de quelques-uns de ses anciens compagnons de plaisir, Mme d'Estrées réussit à s'enfuir des Filles repenties et, un matin vers dix heures, débarqua à Maubuisson, à la porte de la basse-cour, près de l'étang. Le portier voulut résister, mais saisi en un tournemain, battu, jeté à l'eau, il eut pourtant le courage de s'enfuir en toute hâte à Paris, prévenir M. Arnaud. Pendant ce temps, à l'aide d'une fausse clef, qu'une religieuse complice avait fait faire, l'indigne abbesse pénétra dans l'église et se trouva face à face avec Mme Angélique. Le duel commença :

« Madame, il y a assez longtemps que vous tenez ma place ; je reviens à ma maison, il faut que vous en sortiez ».

« Madame, je suis toute prête à le faire quand ceux qui m'y ont mise m'en retireront », répond Angélique.

Et avec courtoisie, et dignité, elle conduit son ancienne supérieure au logis abbatial.

Comme c'était la partie la plus confortable du monastère, il était transformé en infirmerie. Sur deux paillasses gisaient des sœurs malades.

« Qu'on ôte toutes ces saletés de ma chambre; quelle vilenie que tout cela! » s'écrie Mme d'Estrées.

Sans se démonter, Angélique de répondre:

« Madame, si votre chambre est en mauvais ordre, la faute est pardonnable, on ne vous attendait pas ».

Puis, en maîtresse de maison polie, même avec les intrus, elle fait préparer le dîner, donne ses ordres et, prudente, met en sûreté les papiers de l'abbaye. A l'heure de Tierces la voici, sereine et paisible, assise dans sa stalle à la chapelle. L'autre a beau se fâcher, la traiter d'écolière rebelle, essayer de gagner les bonnes grâces de la tourière, et de la cellerière, Mme Angélique continue à la traiter en invitée et la vie religieuse du monastère se poursuit ce matin-là.

Pourtant, malgré son calme apparent, Angélique se rend compte que la partie sera rude. Au réfectoire, elle rappelle à ses filles qu'elles sont sous la protection de Dieu et les encourage par son exemple.

Au commencement de l'après-midi survient Dom Sabatier, l'ancien confesseur de la maison. Il discute avec la mère, essayant de lui persuader de s'en aller sans récriminations. Elle se retranche derrière la clôture et l'obéissance qu'elle doit au supérieur de son ordre, et répète les mêmes choses à Mme d'Estrées. Celle-ci l'entraîne par ruse à l'église, et c'est là que se passe une vraie scène de comédie et de tragédie à la fois.

D'un côté, furieuse, l'ancienne abbesse gesticulant, injuriant; de l'autre, Angélique entourée de ses filles, très pâle, mais froide et impassible. Elle sait la présence, tout près de là, des gentilshommes amis de Mme d'Estrées, mais se sent plus que jamais entre les mains de son Dieu. Cette froideur exaspère son adversaire. Ne se possédant plus, Mme d'Estrées saisit le bras d'Angélique, essayant de la jeter dehors. Les religieuses se cramponnent à leur abbesse, la retenant et quand, dans sa colère, Mme d'Estrées enlève le voile de la mère, en une minute elle est à son tour décoiffée et jetée par terre par une novice vigoureuse.

« A moi! on me tue! » s'écrie alors cette femme indigne.

Et, à ce signal, le comte de Sauzé et ses compagnons envahissent l'église l'épée nue, tirent même un coup de pistolet sans émouvoir autrement Angélique et le petit groupe affectueux qui l'entoure. On raconte même qu'Anne Arnaud, agenouillée sur son prie-Dieu, continua son oraison sans se troubler.

Après un moment de lutte, Angélique dégoûtée, lassée, cédant à la force, est poussée à la porte de l'église et jusque dans le carrosse qui attendait près de la basse-cour. Alors, nouvelle scène. Les sœurs qui l'entouraient, ses chères collaboratrices de Port-Royal, les novices qu'elle avait reçues, deux vieilles religieuses de Maubuisson qui l'aimaient particulièrement envahirent le carrosse, montant sur le siège, sur les roues, sur le toit. Impossible de faire avancer la voiture, à laquelle est accrochée une grappe humaine, mêlée touchante et pittoresque de voiles, de robes blanches, de mains suppliantes, de figures en pleurs.

« Ma mère, où allons-nous? »

Angélique se ressaisit. Elle descend de la voiture et, groupant autour d'elle ce petit troupeau fidèle de trente-cinq femmes, franchit la porte du monastère et, malgré M. de Sauzé, se dirige vers Pontoise.

Les voici au crépuscule, rangées en procession les unes derrière les autres, leur chapelet à la main, comme au cloître sur les gravures de Madeleine Hortemels. Elles se dirigent vers la ville. De la jupe noire d'une postulante elles ont fait des voiles, et dans les rues étroites, devant les boutiques, les gens s'attroupent pour les regarder passer. Leur histoire les précède :

« Voilà les filles de Mme de Port-Royal, dit-on. Elles ont laissé le diable dans leur monastère ».

Une église se trouve sur le chemin. Elles y entrent et se mettent à chanter vêpres, toujours paisiblement, comme chez elles. Le même soir, grâce à l'appui du grand vicaire, la petite communauté trouve un asile et la ville entière l'entoure de sympathie, apportant des provisions. Angélique immédiatement organise la clôture, les offices, attendant la délivrance de Dieu.

Pendant ce temps, clopinant sur les grandes routes, le portier de Maubuisson était arrivé à Paris, au domicile de M. Arnaud. Celui-ci était à Port-Royal, mais son fils, M. de Trie, fit diligence. Dès le lendemain un prévôt du roi, accompagné de deux cent cinquante archers et porteur d'un arrêt de la Chambre des vacations, envahit l'abbaye. Mme d'Estrées et les gentilshommes qui l'accompagnaient s'étaient échappés. Le prévôt établit une garde au monastère, puis s'en fut à Pontoise chercher la mère Angélique et ses filles. Il n'y arriva qu'à dix heures du soir, mais on décida pourtant de s'en retourner tout de suite à Maubuisson. De nouveau, dans les rues de la ville, se déroule la procession des religieuses. Encadrées cette fois-ci d'archers en armes et suivies de toute la population de Pontoise, brandissant des torches. « La nuit fut changée en grand jour par la quantité de flambeaux qu'on y apporta », dit, enthousiaste, la relation.

Cette équipée dramatique resta légendaire dans les souvenirs de Port-Royal et mit une auréole d'héroïsme et d'aventure autour de la tête de la jeune mère Angélique.

Pendant six mois, les archers durent encore cantonner sous les murs de l'abbaye, et souvent les gentilshommes venaient tirer dans les fenêtres. Mme d'Estrées, après mainte aventure, finit par mourir misérablement, et jusqu'en 1625, où Mme de Soissons fut nommée abbesse, Angélique resta à la tête de Maubuisson.

CHAPITRE IX

UN DIRECTEUR ET UNE AMIE

La mère Angélique voyait son travail prospérer et arrivait à vaincre les difficultés extérieures. Peu à peu sa renommée s'étendait dans le monde religieux, on venait à elle pour la consulter. Que se passait-il pendant ce temps dans le secret de son âme ? Cette volonté rebelle qu'elle avait voulu courber dans le renoncement, cet orgueil qu'elle avait essayé de dompter par les austérités, cette vivacité de caractère et de parole qu'elle voulait anéantir par le silence et la retraite, avaient-ils complètement disparu ? Est-ce en un jour, en quelques années même, que le travail de la sanctification s'achève dans la perfection et que l'âme, à tout jamais subjuguée par l'Esprit devient, entre les mains de Dieu, l'ouvrier, l'instrument entièrement passif et adapté à la besogne du royaume de

Dieu ?... Il y a des êtres de paix et de lumière auxquels cela peut arriver. Ils croissent dans la vie chrétienne paisiblement, simplement, comme des plantes, et s'y épanouissent comme des fleurs. Quand ils sont encore en leur matin, le jardinier céleste les recueille pour les transplanter là-haut. Derrière eux, leur parfum demeure et remplit la maison qui les a jadis abrités...

Mais Angélique était une âme de combat. Jusqu'au bout, en elle, la grâce puissante de Dieu rencontrera la nature, une nature passionnée, ambitieuse, éprise d'absolu. C'est par le côté abrupt des rochers escarpés et des précipices qu'elle gravira la montagne de Dieu. Trente ans après sa conversion, quand sa mère et toutes ses sœurs (sauf Mme Le Maistre qui n'a pu entrer à Port-Royal avant la mort de son mari) seront religieuses comme elle et avec elle, elle écrira à son frère d'Andilly :

« *Je suis la fille aînée de notre bon Père pour la connaissance; mais pour la pratique, je suis la dernière, n'y étant point encore entrée en vérité. Que Dieu me fasse la grâce de commencer et de suivre ceux que je devrais précéder.* »

Jusqu'en 1619, elle s'est pour ainsi dire développée seule. Les confesseurs et les religieux qui l'entouraient lui étaient spirituellement inférieurs, et elle ne pouvait s'empêcher de le constater. Plusieurs fois même, elle s'aperçut que « le pasteur apparent était un loup ». Un vicaire, M. de la Charmoye, fit aux religieuses de Port-Royal « un grand bien par sa vraie bonté ; mais, pour dire toute la vérité, il avait toutes les qualités d'un bon religieux, mais pas celles d'un supérieur ». Le père Archange de Pembroke, un capucin qui avait aidé à la conversion d'Anne, avait eu sur Angélique aussi de l'influence. Cependant celle-ci, comme elle l'écrivait à saint François de Sales en 1619, n'avait avant lui « *rencontré personne en qui je puisse prendre une confiance entière et ensuite avoir une vraie soumission* ».

Et elle ajoute :

« *Je me servais de la conduite de ceux qui nous assistaient selon que je reconnaissais qu'ils étaient portés à ce que je désirais, que je croyais bon et utile pour le bien de nos sœurs, prenant ainsi conduite par partie de ceux que je croyais qui favorisaient mes pensées et mes désirs; ce qui me donnait beaucoup d'inquiétude parce qu'en effet c'était me conduire moi-même.* »

(Elle avait du sang de huguenote dans les veines, cette mère Angélique si indépendante!) L'évêque de Genève, indulgent à cette sincérité hardie et connaissant le peu de valeur spirituelle de tant de confesseurs d'alors, lui répondait :

« *Il n'y a point de mal, ce me semble, de recueillir de plusieurs fleurs le miel qu'on ne peut recueillir d'une seule.* »

C'est en avril 1619, par l'entremise d'un ami de François de Sales, dont la fille était à

Maubuisson, que la mère Angélique fit la connaissance de celui-ci. En juin, en juillet, l'évêque revint à l'abbaye, y séjournant plusieurs jours et visitant aussi la famille Arnaud à Andilly. Une correspondance régulière et intime s'établit entre l'abbesse et celui qu'elle regardait comme un directeur et un père. Les lettres d'Angélique n'ont pas été retrouvées. Mais nous avons celles de saint François (désignées ainsi à une abbesse). A travers les conseils, les gronderies affectueuses, les louanges et les confidences, toutes dans ce style fluide, fleuri, aisé que l'on connaît, nous devinons les questions de la pénitente. « Dieu était vraiment et visiblement en ce saint évêque, et je n'avais point trouvé encore en personne ce que je trouvais en lui », écrira plus tard Angélique.

Quel contraste pourtant entre ces deux personnalités! En lisant François de Sales, on ne peut s'empêcher de songer aux bords de ce lac d'Annecy, près duquel il a tant vécu. L'eau bleue est profonde, les montagnes qui l'entourent sont hautes, mais le tout est noyé dans une brume opaline qui en adoucit les contours. Par un beau matin d'été, on aborde dans un de ces petits ports cachés dans la verdure, où les maisons aux larges toits se groupent près des églises grises ; par d'étroits sentiers sinueux, on monte lentement parmi les champs de vigne, les vergers, les prairies. Çà et là, une ferme, une maison de plaisance : l'une d'entre elles, abritée sous un gros noyer, aux flancs du roc de Chère, s'appelle « la Paisible ».

Plus haut commencent les bois de bouleaux, fleuris d'épilobes d'un rose violacé, les sapins, les mélèzes, et l'ascension se fait tranquillement, facilement, « doucement, suavement, mais allègrement et joyeusement », disait l'évêque qui introduisait à la vie dévote, à la vie chrétienne, par un chemin lumineux.

« *Allez au Port-Royal de la vie religieuse par le chemin royal de la dilection de Dieu et du prochain, de l'humilité et de la débonnaireté* », écrivait-il à Angélique.

Mais elle est d'une trempe différente. Elle ressemble à ces alpinistes que tentent surtout les cimes altières, les aiguilles inaccessibles, les espaces désertiques de rochers et de neige. Avec une ardeur passionnée, elle veut monter en se meurtrissant aux pierres, et se désespère de glisser et de tomber sur le vertigineux sentier qui mène là-haut. Alors, tendrement, François de Sales la réconforte : « *Dites hardiment à cette fille que je vous ai recommandée que non, je ne m'étonnerai jamais de ses faiblesses et de ses imperfections. Ne serais-je pas un déloyal arrogant si je ne la regardais avec douceur parmi les efforts qu'elle a faits de s'affermir.* »

Et ailleurs :

« *Vous lui êtes un peu trop sévère à la pauvre fille; il ne lui faut point tant de reproches, puisqu'elle est fille de bons désirs. Dites-lui plutôt que, pour toute broncharde qu'elle pourrait être, jamais elle ne s'étonne ni ne se dispute contre soi-même; qu'elle regarde plutôt Notre Seigneur qui, du haut du ciel, la regarde comme un père fait à son enfant.* »

Et quand il lui semblait qu'elle piétinait sur place sans avancer :

« *Les cerisiers portent bientôt leurs fruits, car leurs fruits ne sont que des cerises de peu de durée; mais les palmiers, princes des arbres, ne portent leurs dattes que cent ans après qu'on les a plantés, dit-on. Une médiocre vie peut s'acquérir en un an; mais la perfection à laquelle nous prétendons, ô Dieu, ma chère fille, elle ne peut s'acquérir qu'en plusieurs années.* »

En ouvrant son cœur à saint François de Sales, Angélique n'acquit pas seulement à elle et aux siens, la direction affectueuse et persévérante d'un des évêques les plus débonnaires que le catholicisme ait formés, mais elle gagna une amie, la mère de Chantal, fondatrice de la « Visitation ». Entre les deux religieuses s'établit aussi une grande correspondance et les premières lettres d'Angélique qui nous ont été conservées sont adressées à celle dont elle se dit « la petite novice », « votre vraie enfant qui me démets toute, toute entière entre vos mains ».

Ces lettres sont datées de 1620. Il nous est précieux de les relire et d'y chercher l'envers de la tapisserie dont les *Mémoires pour servir à l'histoire de Port-Royal* nous fournissent l'endroit. Derrière l'abbesse combative, indépendante, énergique, qui a réformé Maubuisson et résisté à Mme d'Estrées, nous voyons l'âme jeune, scrupuleuse, pleine de remords, avec un besoin féminin de se confier et d'être dirigée :

« *Ma très chère mère, je suis toute imperfection, et ma douleur c'est que je ne vois point du tout le moyen de me corriger où je suis, car tout m'est occasion de faute.* »

Alors, le rêve de ses dix-huit ans recommence. Elle voudrait laisser sa charge d'abbesse et, changeant d'ordre, devenir une visitandine, sous la direction de Mme de Chantal et de François de Sales.

Elle le désirait d'autant plus qu'une très grande épreuve venait de fondre sur elle. Dans l'année 1619, marquée de tant d'événements, M. Arnaud contracta, en novembre, une hydropisie de poitrine (une pleurésie) et mourut le 29 décembre. Angélique fut bouleversée par cette maladie et cette mort. Elle était passionnément attachée à ce père « si tendre pour ses enfants ». Pendant le douloureux mois de décembre, sa pensée était constamment près de lui, et ses prières l'entourèrent heure après heure. Elle en perdit le sommeil et, bien des fois, murmurait dans le silence des nuits : « Seigneur, sauvez votre serviteur... », tandis que la sœur Isabelle-Agnès, qui couchait près d'elle, répondait immédiatement : « qui espère en vous, ô mon Dieu... », avec cette sympathie délicate et fidèle qu'avaient pour leur mère les filles de Port-Royal.

M. Arnaud mourut dans des sentiments de

foi, de piété et de charité qui furent pour Angélique la suprême consolation. Il avait fait le vœu, s'il revenait à la vie, de se défaire de tous ses biens. Mais ce deuil ne fit qu'augmenter dans l'âme de l'abbesse le désir de la retraite, à la Visitation; c'est dix mois après la mort de son père qu'elle écrit à sa grande amie :

« *Je pense souvent que si ce que je souhaite n'arrive pas, il n'est impossible que je ne meure, ne me pouvant aucunement résoudre de vivre dans ma condition...* »

Il fallut bien s'y résigner. Saint François de Sales tenait-il beaucoup à ce changement qu'Angélique et Mme de Chantal désiraient tant ? Il est difficile de s'en rendre compte.

« *Je voyais bien que cette prétention était extraordinaire,* écrit-il, *mais je voyais aussi un cœur extraordinaire. Je voyais bien l'inclination de ce cœur-là à commander; mais je voyais que c'était pour vaincre cette obsti-*

nation qu'elle voulait se lier à l'obéissance. Je voyais bien que c'était une fille; mais je voyais qu'elle avait été plus que fille à commander et gouverner et qu'elle le pouvait bien être à obéir. »

L'affaire traîna en longueur à Rome, dont il fallait l'autorisation pour changer d'ordre. En 1622, l'évêque mourut et la destinée d'Angélique fut plus que jamais fixée à Port-Royal où elle allait retourner.

CHAPITRE X

LA MAISON-DES-CHAMPS ET Mme ARNAUD

« VOYEZ-VOUS, Monsieur, nous avons appris de feu M. de Saint-Cyran, à ne rien recevoir pour la maison de Dieu, qui ne vienne de Dieu », devait dire un jour fièrement la mère Angélique vieillissante à Blaise Pascal.

Mais même avant que l'influence de Saint-Cyran fût toute-puissante sur elle, l'abbesse avait appris à aimer l'esprit de pauvreté, non seulement pour elle, mais pour sa communauté. Son absolu détachement des biens de ce monde, son désintéressement qui va parfois jusqu'à l'héroïsme, jusqu'à la folle imprudence, diraient les sages d'ici-bas, sont des traits de caractère devant lesquels ses ennemis même ont dû s'incliner.

Elle les montra une fois de plus à l'occasion de son départ de Maubuisson.

Elle avait espéré, en suggérant le choix de Mme de Soissons, perpétuer à Maubuisson les traditions d'austérité qu'elle avait essayé d'y établir. Mais la nouvelle abbesse, toute digne religieuse qu'elle fût, songeait à garder à son monastère l'éclat qu'il avait eu dans le passé. Elle avait besoin d'argent pour les cérémonies solennelles et brillantes à l'église, et pour le train de vie qu'on avait toujours mené là. Les trente sœurs qu'Angélique avait reçues, presque toutes sans aucune dot, étaient une lourde charge et on le leur fit sentir.

Qu'à cela ne tienne! Port-Royal est pauvre : des bâtiments en mauvais état, un dortoir de treize cellules seulement, des cultures qui ne rapportent guère, à peine six mille livres de rentes; mais Port-Royal vit de prière et de foi. Trente âmes de plus pour servir Dieu et chanter ses louanges, c'est là la vraie richesse. Une lettre signée de la mère Agnès, coadjutrice, et de toutes les religieuses, arrive à Maubuisson, disant à Angélique qu'on recevra avec joie tout ce qu'elle voudra amener!

Mme Arnaud réquisitionne plusieurs carrosses et, un jour du commencement de mars 1623, les voici qui, pleins de filles de Mme Angélique, débouchent en vue de l'abbaye. Elle a dû rester à Paris quelques jours, aux Visitandines, pour pourvoir à diverses affaires. Mais ses ordres sont donnés :

Dès qu'on verra en se baissant, car la vallée est profonde, le clocher du monastère, toutes les religieuses diront ensemble le verset du Psaume : « Mettez, Seigneur, une sentinelle à ma bouche et une garde à la porte de mes lèvres. » Puis elles deviendront muettes jusqu'à l'arrivée de l'abbesse.

En bas, les sœurs de Port-Royal, la mère Agnès en tête, attendaient avec joie ces envoyées de Dieu qui venaient, a dit Racine, « affamer leur couvent ».

Qu'importe ! On les embrasse, on chante le *Te Deum*, on leur sert un dîner de fête.

Et toujours dans le silence pendant huit jours, présentant seulement à leurs interlocutrices leurs noms qui étaient épinglés, ces filles de Mme Angélique montrent à leurs anciennes qu'elles sont dignes de leur chère mère et de Port-Royal tout entier. A l'étroit dans les cellules, au réfectoire, au chœur, elles continuent toutes ensemble, dans la paix de Dieu, leur vie de retraite et presque de misère.

« Nous vécûmes de la sorte trois ans, ne manquant de rien et ayant plus de facilité à vivre quatre-vingts sans que notre revenu fût accru, que nous n'avions étant treize et quatorze, et je crois devoir prouver ceci à la gloire de la divine Providence », a dit la mère Angélique.

« *Dieu a une excellence si élevée au-dessus des plus hautes pensées de notre esprit et de notre foi, que c'est le servir bassement que de ne courir pas des risques dans l'exercice de la charité* », lui écrivait à ce moment-là un ami de son frère d'Andilly, rencontré par Angélique chez Mme Arnaud, homme d'une quarantaine d'années à la physionomie austère, avec un regard de feu, « un esprit rare, une science admirable, une vertu de dévotion singulière et un ami incomparable », disait déjà l'abbesse de Jean du Vergier de Hauranne, abbé de Saint-Cyran. Dix ans plus tard, il sera le directeur, le maître de Port-Royal, et l'ère des persécutions commencera.

Ce temps-là n'est pas encore venu. Le grand ennemi de Port-Royal c'est maintenent la fièvre. La maladie (fièvre paludéenne, tuberculose) y est à l'état endémique; l'infirmerie ne désemplit pas et plus d'une fois la cloche a sonné la prière des agonisants. Mme Arnaud, qui a amené sa dernière fille, Madelon, à l'abbaye, s'en inquiète. Elle cherche à Paris, aidée par Mme Le Maistre, un bâtiment approprié pour y recevoir la communauté. Elle fait aussi des démarches auprès du supérieur de Cîteaux et de l'archevêque de Paris pour obtenir le transfert.

Un jour, elle est à la « Maison-des-Champs » (comme on va dire bientôt) pour une profession, et le sermon l'émeut profondément. Après la cérémonie, elle va trouver l'abbesse et lui demande de se mettre pendant huit jours en retraite sous sa direction. Le lendemain, humblement, cette vénérable veuve, mère et grand'mère, s'agenouille devant sa fille et lui demande pardon de ne pas toujours l'avoir comprise et d'avoir parfois blâmé sa générosité imprudente. Plus tard, elle lui confie qu'elle aussi a un grand désir de devenir religieuse, seulement elle ne peut abandonner Catherine, dont le devoir est de rester à Paris près de ses enfants.

Catherine est elle-même à Port-Royal ce jour-là. Malade, elle se lève de son lit pour venir supplier sa mère d'écouter l'appel de Dieu et de consacrer ce qu'elle possède à acheter une maison à Paris et à y faire transférer Port-Royal.

Ce soir d'Avent 1623, essayons d'accompagner Angélique par la pensée, tandis que, debout dans sa stalle, elle suit l'office de Complies que chantent ses religieuses. Quinze ans d'autorité et d'austérités ont donné à son front un pli sévère, mais plus que jamais sa figure a ce charme rayonnant qui la fait aimer et auquel ceux qui l'entourent ne résistent pas. Elle songe, et repasse dans sa mémoire les bienfaits de Dieu. Le père vénéré auquel, dans un jour d'angoisse, elle a dû résister est mort, il est vrai, mais doucement, dans la paix de Dieu. Autour d'elle sont groupées ses sœurs : la fidèle et mystique Agnès qui a eu tant de joie à lui rendre la direction du monastère et reste sa plus précieuse collaboratrice; la sainte et pure Marie-Claire, brûlée de la flamme du sacrifice, cherchant à la suivre et à la devancer dans la voie de la mortification. Anne-Eugénie est en ce moment absente; prieure de l'abbaye du Lys, près de Melun, elle essaye d'aider la coadjutrice, Mme de la Trémoïlle, à y introduire la réforme, selon la méthode de Port-Royal. Mais la petite Madelon est là, prête à devenir novice, « avec un caractère de simplicité, d'humilité, de soumission qui la faisait discerner et qui paraissait en elle un don particulier de Dieu ».

Dans la chapelle, voici encore Mme Le

Maistre, pâlie par les tristesses et la maladie, mais toute sereine de bonté, de douce maternité, de piété. Entre les mains de saint François de Sales, elle a fait, il y a plusieurs années, vœu de chasteté perpétuelle et ne vit plus que pour Dieu, pour ses enfants, et pour les malheureux, prête à aider Angélique en tous temps. Et enfin la plus humble de toutes, Mme Arnaud, courbant sa tête grise dans l'adoration, penchant sur son livre de chant ses yeux, ses pauvres yeux déjà affaiblis... De la voir ainsi, si vénérable et si modeste, le cœur filial d'Angélique tressaille de tendresse et de joie.

Puis la prière de l'abbesse s'en va retrouver ses frères dispersés qu'elle voudrait aussi « tirer à Dieu ». D'abord l'aîné, Robert d'Andilly. Elle lui écrit de respectueuses lettres de sœur cadette, assaisonnées de longs sermons. Peu à peu, il lui confiera ses filles, puis viendra un jour la rejoindre dans la solitude de Port-Royal. Le second, Henri (M. de Trie), a embrassé l'état ecclésiastique et sera plus tard évêque d'Angers. Le troisième, Simon, le militaire, mourut jeune, tué à Verdun. Enfin le dernier-né, Antoine, « le petit frère », encore écolier en 1623, sera plus tard un des principaux appuis de sa sœur : « M. Arnaud le docteur », le « grand Arnaud », comme on l'a appelé, et un des chefs du jansénisme.

Cette volonté indomptable, cette affection dominatrice de la mère Angélique rêvant pour tous les siens la vie de renoncement, qu'elle a elle-même choisie, entraînant avec elle, dans les sentiers abrupts de la pénitence, sa chère vieille maman, sa délicate benjamine Madelon, ont une grandeur émouvante, mais un peu troublante aussi. Elles nous effraient presque...

Mère Angélique, nous le croyons, vous saviez aimer, « aimer immuablement l'immuable et infiniment l'infini ». Vous avez soigné les malades et nourri les pauvres avec passion, comme vous faisiez toutes choses, et pourtant les corps comptaient si peu pour vous ! Votre tendresse la plus ardente, votre compassion la plus profonde, vous les réserviez aux âmes. Plus vous aimiez et plus vous vous faisiez rude, ayant appris par vous-même que la souffrance élève et purifie : « Je ne puis épargner ceux que j'aime », avez-vous écrit.

Comment la sensibilité moderne qui cherche à atténuer, à anesthésier la douleur physique, aurait-elle été jugée par vous ?... Et nous, mère Angélique, qui essayons, avec respect et admiration, de nous pencher sur le miroir de votre pensée, où nous voyons nettement se profiler la Croix divine, nous regrettons de ne point y trouver aussi la lumière exquise des matins de Galilée, le sourire des premiers chapitres de l'Evangile.

CHAPITRE XI

A PARIS

DEPUIS que la réforme avait été acceptée au monastère, la vie de celui-ci s'était continuée austère et sereine, dans le recueillement et la pénitence. Les agitations du monde venaient mourir doucement devant sa porte, comme les petites vagues sur la plage, les jours de temps calme. Si au dehors on commençait à beaucoup parler de l'abbesse, de son influence, de la sainteté de Port-Royal, celui-ci, dans le silence plein d'oraison de ses murs sombres, ignorait ou oubliait ce bruit.

Quand le couvent fut transporté à Paris, ce fut tout autre chose. La capitale, pacifiée sous Henri IV, était en 1625 en plein développement. La place Royale alignait en quadrilatère régulier ses maisons de briques roses, coiffées de grands toits d'ardoise, le Pont-neuf (le premier qui ne fut qu'un passage et pas une rue pleine de moulins et de boutiques) étendait d'une rive à l'autre de la Seine ses arches élégantes et hardies, dessinées par Du Cerceau. Dans les rues toujours étroites, mal pavées et mal éclairées, les carrosses abondaient maintenant, roulant avec fracas; les chaises à porteurs se pressaient. Les faubourgs Saint-Jacques et de Vaugirard se peuplaient de couvents et partout, en ce grand XVIIe siècle commençant, s'élevaient des églises. L'autorité dictatoriale de Richelieu allait s'établir peu à peu, instaurant en France le pouvoir absolu, châtiant impitoyablement tous ceux qui, épris de liberté, voulaient garder leur indépendance. Les amis de Port-Royal, comme tant d'autres, devaient connaître cette rigueur.

Pour le moment, la communauté s'installait au faubourg Saint-Jacques, dans le petit hôtel de Clagny (découvert par Mme Le Maistre et acheté par Mme Arnaud) et tout entouré de jardins. En même temps la mère Angélique obtenait d'enlever son monastère à la juridiction de Cîteaux, qu'elle trouvait trop relâchée, pour le mettre sous celle de l'ordinaire, c'est-à-dire de l'archevêché de Paris.

Ce temps de déménagement fut d'ailleurs, pour elle, une dure épreuve. Une partie des religieuses était restée provisoirement à Port-Royal, tandis que les autres s'installaient à Paris dans des bâtiments trop étroits, qu'il fallait agrandir. La clôture était momentanément supprimée. L'abbesse elle-même fit deux séjours au Lys, près de Melun et à Poissy d'où, en mai 1626, elle alla chercher à Port-Royal le reste des sœurs.

Ce fut avec un serrement de cœur que toutes les religieuses quittèrent leur paisible retraite, accompagnées des regrets des pauvres du canton. Une des relations raconte même que le dernier geste d'Angélique, au seuil du monastère abandonné, fut un geste de charité. Les sœurs distribuaient leurs dernières aumônes, avec leurs ultimes recommandations, quand vint, tout à la fin, un pauvre homme, pour lequel il ne restait plus rien. Alors, l'abbesse, enlevant ses souliers, les lui tendit avec un sourire. Plus et mieux que personne, elle savait donner. Oh ! si elle avait pu se dépouiller aussi de tout souci matériel, de toute préoccupation d'argent, quelle joie, quelle libération ! Contre son gré, elle était à ce moment-là accablée de charges financières. Par l'intermédiaire de Mme de Chantal, elle avait fait la connaissance de Mgr Zamet, évêque de Langres, et, admirant sa piété, s'était mise sous sa direction spirituelle. Il commençait par l'entraîner dans les dépenses, avec le concours d'une certaine Mme de Pontcarré, bienfaitrice du monastère. L'évêque et la bienfaitrice voyaient grand, parfois même somptueux, et l'abbesse, éprise de fière et digne pauvreté, était obligée de s'endetter. Elle n'en dormait plus. Agnès, sa chère conseillère et confidente, n'était plus là, ni Marie-Claire non plus. Mgr Zamet les avait emmenées au monastère du Tard, près de Dijon, et peu à peu il semblait à Angélique que ses sœurs, sous cette influence, se détachaient d'elle.

La personnalité de Mgr Zamet a été souvent discutée. Parlant de lui plus tard, la mère dira :

« Cet évêque, quand nous commençâmes à le voir, ne respirait que Dieu et semblait tout mort au monde. »

Et encore :

« Parce que je n'avais alors personne (comme directeur), il me fut aisé de prendre créance en lui et de le prier de m'assister de ses saints conseils. Et véritablement, ceux qu'il me donna au commencement étaient très saints et me servirent beaucoup. »

Il y eut donc d'abord entre elle et lui des rapports étroits de confiance et de respect, et pourtant Angélique sentait que la vie, dans son cher monastère, perdait un peu de son caractère de simplicité apostolique.

En 1628, le roi Louis XIII étant au siège de La Rochelle, la reine mère, Marie de Médicis, vint visiter Port-Royal et voulut octroyer à l'abbaye un privilège comme elle avait coutume de le faire dans les couvents qu'elle allait voir. A son grand étonnement, la mère Angélique, questionnée, demanda que sa charge d'abbesse devînt élective et cela lui fut accordé.

Angélique allait donc pouvoir rentrer dans le rang, comme si souvent elle l'avait désiré. Peu après elle démissionna, et Agnès, sa coadjutrice, fit de même. La mère Geneviève Le Tardif, une des anciennes novices de Maubuisson, fut nommée abbesse.

La mère Angélique traversait alors, peut-être sans s'en rendre compte, une crise de lassitude morale. Les soucis matériels l'accablant, l'entourage de ce grand Paris dont la rumeur pénétrait jusqu'à l'intérieur de la clôture, l'influence insinuante de Mgr Zamet cherchant à établir dans le monastère la dévotion raffinée et pompeuse à la mode, tout cela la troublait, la peinait...

Ce fut pis encore quand, dans un grand geste d'abnégation, elle eut abdiqué sa charge et qu'elle vit une autre abbesse la remplir autrement qu'elle-même. La mère Geneviève était une de ses filles, mais elle était aussi et surtout une pénitente de Mgr Zamet. Elle introduisit à l'église quelques nouveautés : des parfums, des fleurs sur l'autel, des « plissures de linge », tout ce que réprouvait l'âme austère d'Angélique. Celle-ci, ayant commandé depuis son enfance, avait peine, à trente-sept ans, à se plier à l'obéissance et à assister, impassible, à ce qui lui paraissait être la destruction de son œuvre. Elle souffrait.

Par nature, elle avait toujours été une tourmentée. Sous la direction éclairée de François de Sales, elles avait cru trouver la paix. Lui mort, Mme de Chantal au loin, Agnès et Marie-Claire éloignées d'elle plus encore d'esprit que de corps, elle se détacha aussi peu à peu de Mgr Zamet, trop profondément spirituelle, trop pénétrée de sève biblique pour que la religiosité sentimentale de l'évêque ait pu la satisfaire.

Un moment pourtant, ils se rapprochèrent l'un de l'autre pour fonder, avec le concours effectif et financier de Mme de Longueville, l'institut du Saint-Sacrement. C'était un projet que caressait depuis longtemps l'évêque de Langres : créer, au centre de Paris, un couvent où constamment, devant le Saint-Sacrement, des religieuses puissent se succéder dans la prière, rachetant ainsi par leur perpétuelle oraison, les injures faites au *Corpus Christi* par les hérétiques ou les mondains.

Une maison fut trouvée rue Coquillère, près du Louvre, et le pape donna son approbation, nommant Mgr Zamet, l'archevêque de Paris et celui de Sens codirecteurs. La mère Angélique fut choisie comme supérieure et, en mai 1633, elle vint s'installer dans ce nouveau couvent ainsi que trois religieuses et quatre postulantes. Avec quelle douceur, nous pouvons l'imaginer !

Quand on parlait de silence et de prière, son cœur s'émouvait toujours profondément, et la personne du Christ souffrant et mourant lui était indiciblement chère. Au moment de sa conversion, c'était l'appel de ce Christ douloureux, transparaissant au travers du médiocre sermon du capucin, qui l'avait subjuguée et bouleversée. Depuis, l'attirance avait de jour en jour grandi...

Dans cette piété d'Angélique, pas de faux sentimentalisme ou de sensualisme déguisé, mais des liens sacrés et forts : la servante essayant chaque jour, malgré sa misère et son indignité, d'accomplir la volonté de son Maître. Lui, par sa grâce, marquant chaque étape d'une bénédiction, chaque victoire d'une joie, chaque défaite d'un pardon, jusqu'à ce que les deux vies, la divine, la sainte, et la pauvre vie humaine soient étroitement tissées l'une avec l'autre.

Près du Sauveur et du Sauveur seul, Angélique a senti s'apaiser sa soif de vérité, de justice, de pureté. Au long du chemin de la vie, hommes et choses, et elle-même surtout, lui ont apporté des déceptions, des désillusions, meurtrissant son enthousiasme, arrêtant ses élans. En Lui elle a toujours mieux trouvé l'absolu, l'intangible, et a appris à tout regarder à travers Lui, pour tout aimer et tout comprendre en Lui, et pour garder intacte sa foi en l'avenir.

S'asseoir au pied de la croix du Seigneur, l'assister dans sa douloureuse agonie que renouvellent chaque jour le péché et la souffrance humaine, ne plus être qu'à Lui, la religieuse indigne du Saint-Sacrement, comme elle signe souvent ses lettres; porter jusque dans son habit les marques de la mort du Sauveur, il y avait là, pour l'âme passionnée d'adoration de la mère Angélique, une joie infinie.

Mais même dans sa tendresse respectueuse pour l'Eucharistie, elle reste spirituelle... Nous en avons un témoin : ce petit livre des *Constitutions de Port-Royal* où, plus tard, fut coulé et comme codifié, pour ses filles, l'élan de sa piété. En le feuilletant, nous pénétrons la pensée religieuse de l'abbesse, celle de ses entretiens avec la mère Agnès et avec Saint-Cyran.

Angélique savait bien que, derrière le dogme catholique de la présence réelle, se cache le piège de l'idolâtrie ou celui de la fade dévotion. Aussi, si les religieuses restent de longues heures en prière silencieuse devant l'autel, leur contemplation est toute intérieure. La sainte Eucharistie ne sera que rarement exposée sur cet autel, ce sont les sœurs qui seront appelées a être des « Eucharisties, pour parler ainsi, en portant Jésus-Christ dans leur cœur, et le portant exposé à la vue les unes des autres, en représentant par leur action les effets de ce divin mystère ».

Quand Jésus-Christ est dans le ciboire, « on ne voit point de preuves de sa vie parce qu'il n'y agit point », tandis qu'au contraire dans les âmes qui le reçoivent d'une manière digne de Dieu, « il est un pain vivant » et, selon l'expression de saint Cyrille en parlant des chrétiens qui viennent de communier, ces âmes deviennent des « porte-Christ ».

A cette époque, la piété féminine catholique trouvait en France bien des occasions de se manifester. Aux Visitandines de saint François de Sales s'étaient ajoutées les Calvairiennes du fameux père Joseph et les Carmélites de Mme Acarie. Bientôt devaient suivre les Filles de la Charité de saint Vincent de Paul et celles du Sacré-Cœur de M. Eudes. Mais dans ce carillon conventuel de cloches si diverses, aucune, sauf peut-être celle des sœurs de saint Vincent, ne rend le son pur du métal évangélique sans alliage, comme celle d'Angélique Arnaud.

CHAPITRE XII

M. DE SAINT-CYRAN ET LE JANSÉNISME

L'INSTITUT du Saint-Sacrement, tel que le rêvait la mère Angélique, ne devait se réaliser pleinement que dans le cadre de Port-Royal. Rue Coquillère, elle n'eut pas sa pleine liberté d'action. Il y eut très vite dissonance entre elle et Mgr Zamet et pour elle, déception.

Les lettres de l'abbesse en laissent transparaître quelque chose : « *Si j'étais aussi séparée de moi-même que je le suis de mes anciennes connaissances* », écrit-elle en août 1633; et en 1634, à une autre correspondante : « *Je suis comme un pauvre vaisseau agité sur la mer, qui ne va pas où je veux, mais où le vent me porte... Vous voudriez être où je suis et je voudrais de tout mon cœur être où vous êtes.* »

Mgr de Langres avait placé près d'Angélique la sœur Anne de Jésus (Mlle de Charnesson) comme une auxiliaire en apparence, en réalité comme une surveillante. On cherchait à introduire dans le monastère des prêtres étrangers qui essayaient d'y installer une dévotion singulière et théâtrale. Enfin, à ce moment, éclata la fameuse affaire du « chapelet secret ».

La mère Agnès avait composé une suite de méditations sur les attributs de Jésus-Christ dans le Saint-Sacrement que, sans les publier, on se passait sous le manteau autour de Port-Royal. Mgr Zamet les avait lues et approuvées. Mais une indiscrétion les ayant fait connaître à l'archevêque de Sens, il s'en scandalisa et les fit censurer par la Sorbonne.

L'évêque de Langres consulta alors un homme en qui il avait, à ce moment-là, une grande confiance. C'était l'abbé de Saint-Cyran, ami de M. d'Andilly et de Mme Arnaud, qu'il avait aidée dans sa vocation. Avec l'approbation entière de Mgr Zamet. M. de Saint-Cyran se rapproche de Port-Royal et en devient en quelque sorte l'aumônier. C'était en 1634; date très importante dans l'histoire de la mère Angélique que celle où des rapports étroits se nouent entre elle et l'abbé de Saint-Cyran, qui devait avoir sur elle et sur les siens une si grande influence.

Il y avait alors rue Coquillère une douzaine de religieuses et de novices. Une fois par semaine, l'abbé de Saint-Cyran les réunissait au parloir pour leur faire des exhortations, méditant avec elles la Sainte Ecriture. Cinq ou six personnes du voisinage, prêtres ou dames, assistaient seules à ces réunions intimes où la parole austère, incisive, passionnée du prédicateur, pénétrait bien avant dans les âmes.

Jean du Vergier de Hauranne, abbé de Saint-Cyran, était né à Bayonne en 1587. Il avait fait de brillantes études et s'était lié d'amitié avec Jansénius, docteur en théologie de l'Université de Louvain, qui devait mourir évêque d'Ypres en 1638. Ensemble, ils s'étaient plongés dans l'étude de saint Augustin, et leur pensée religieuse s'était formée à son école. Comme jadis Luther et Calvin, ils avaient mesuré, l'angoisse au cœur, la distance qui sépare l'Eglise catholique romaine de cet évêque dont elle se réclame pourtant comme un de ses Pères. Les mœurs faciles, la morale relâchée que les Jésuites accordaient avec leur religion faite toute de pompe et de sentimentalité, les révoltaient. Jansénius se mit à son considérable ouvrage : *l'Augustinus* destiné à faire revivre la doctrine du grand docteur d'Hippone, et Saint-Cyran prit pour tâche d'essayer pratiquement de réformer l'Eglise. Le petit troupeau de nonnes consacrées au Christ crucifié dans le Saint-Sacrement, et que dominait la physionomie de la mère Angélique, lui parut être le noyau prédestiné de cette future réforme. Il ne s'imposait jamais, mais dès qu'on allait à lui, on subissait l'ascendant de son âme autoritaire, entièrement désintéressée. Peu à peu, toutes les religieuses l'acceptèrent comme confesseur. Angélique seule résistait à cette attirance.

Elle a elle-même décrit longuement cette nouvelle lutte dont son âme était le théâtre :

« *Je craignais donc ce qu'en effet j'aimais*

et désirais et qui était la forte, sainte, droite et éclairée conduite de ce serviteur de Dieu. Je la regardais comme la mort de ma volonté, de mon discernement et de mon propre sens dont j'avais jusqu'alors conservé la plus grande partie. »

Croire que sa vie d'austérité, de mortification, de prière n'est rien, si Dieu lui-même ne l'appelle ; que seule la grâce efficace du Père, s'accomplissant en Jésus-Christ, peut sauver son enfant du désespoir et de la mort ; que Dieu n'est réellement la fin que s'il est le principe, et que c'est Lui qui produit en nous le vouloir et le faire selon son bon plaisir ; accepter d'être à Lui, « avec une flexibilité non pareille et universelle », c'est là ce qui est demandé à cette abbesse volontaire et énergique.

« *Les âmes qui sont à Dieu*, écrivait Saint-Cyran à une de ses pénitentes, *ne doivent avoir ni assurance, ni prévoyance dans la suite des bonnes œuvres; elles regardent à*

Dieu et le suivent à tout moment... Nous avons obligation de ne demander notre pain à Dieu, c'est-à-dire sa grâce, que pour chaque jour; mais je voudrais le demander pour chaque heure. »

Les semaines de lutte se prolongent. Angélique a beaucoup désiré trouver « un homme duquel la force de l'esprit dans la vérité accablât le sien », et elle a pourtant beaucoup de peine à céder à cette direction encore plus rigide et altière que la sienne. Enfin, en août 1635, elle fait à l'abbé de Saint-Cyran une confession générale accompagnée d'un renouvellement de sa vocation de chrétienne et de religieuse, de nouvelles résolutions de mortification, d'humilité, de silence.

Il est difficile de démêler ce qu'Angélique a dû à l'influence spirituelle de M. de Saint-Cyran, et de savoir si cette influence n'accentuait pas l'austérité de son caractère.

Saint-Cyran était, a dit Sainte-Beuve, *le directeur chrétien par excellence dans toute sa rigueur, dans toute sa véracité et sa certitude, un rigide et sûr médecin des âmes. L'âme humaine individuelle, chaque âme une à une, naturellement et incurablement malade par le péché, voilà son œuvre; il s'y concentre; à droite et à gauche, rien.*

Il était aussi un penseur profond, un savant érudit, nourri de la moelle de l'Ecriture Sainte et des Pères de l'Eglise. Nul ne possédait mieux que lui leurs écrits, et peut-être les spéculations d'un saint Augustin, les pénitences d'un saint Basile, lui ont-elles un peu voilé la simplicité joyeuse de l'Evangile.

Les circonstances ont certainement contribué aussi à donner à M. de Saint-Cyran la physionomie rigide, l'apparence sévère sous lesquelles il apparaît à la postérité. On nous a conservé des lettres à sa petite nièce qui montrent que ce théologien avait une âme douce, tendre, profondément humaine. Mais toute sa vie il a lutté, et lutté presque en vain, pour tenter de réformer son Eglise. Le manteau de la religion couvrait alors en France tant d'ambitions et d'intrigues politiques ! Un prince de l'Eglise régnait à côté du roi et essayait, par la terreur, de faire l'unité et d'établir le pouvoir absolu. La dévotion royale s'étalait ; mais que de misères familiales, de haines, de complots elle cachait ! Partout, à la cour, à la ville, l'immoralité voisinait avec la fausse piété. Bientôt, prenant le fouet de corde des *Provinciales*, Pascal dénoncera l'hypocrisie des marchands du temple, et tout Paris comprendra et applaudira la satire cinglante de *Tartuffe*.

Saint-Cyran était le fils profondément affectionné de cette Eglise qu'il voyait profaner. Il a souffert des fautes de cette mère plus encore que de son injustice en le persécutant. C'est le pli de cette souffrance, de cette désillusion, de cette angoisse qui a creusé sur sa physionomie les rides amères que la postérité lui reproche. Angélique a partagé ses luttes, et elle aussi apparaît comme une sombre figure à l'avenir qui ne la comprendra pas.

Il n'y eut pas entre eux deux les liens de

mystique tendresse qui unissaient saint François d'Assise et sainte Claire, ou S. François de Sales à la mère de Chantal. Peut-être même la charmante Marie-Claire, qui résista longtemps à l'influence de Saint-Cyran, puis vint à lui avec une ferveur de pénitence toute brûlante, fut-elle plus près que son aînée du cœur de l'austère directeur. Mais celui-ci a pour la mère Angélique un grand respect et une profonde confiance. Il voit en elle un des instruments que Dieu s'est choisi pour réformer son Eglise, et pour elle il est le « vrai, l'excellent serviteur de Dieu », inspiré par le Seigneur. Avec une soumission maintenant complète, elle se courbe devant lui, devenant janséniste sans le savoir ni le comprendre, elle, l'ardente catholique.

CHAPITRE XIII

CINQUANTE ANS

La crise dans laquelle la haute spiritualité de Port-Royal avait failli sombrer était finie. Agnès et Angélique, plus unies que jamais, depuis qu'une même confiance en l'abbé de Saint-Cyran cimentait leur affection, étaient rentrées au monastère, la plus jeune comme abbesse, choisissant son aînée comme maîtresse des novices. La mère Geneviève le Tardif était au Saint-Sacrement; les religieuses de Dijon étaient rentrées chez elles; Mgr Zamet avait regagné son diocèse.

Tout redevenait paisible à Port-Royal. On y vieillissait pourtant; Mme Arnaud, sœur Catherine de Sainte-Félicité, n'y voyait presque plus. « Insatiable dans la prière », elle passait de longues heures en oraison, ou s'en allait, modeste, aider les sœurs converses à éplucher les légumes à la cuisine.

En 1637, la femme de son fils, Robert

d'Andilly, mourut, laissant dix enfants dont plusieurs fillettes, déjà près de leurs tantes à l'abbaye. M. de Saint-Cyran assista la mourante dans sa longue et douloureuse agonie, et elle s'en alla, confiante en Dieu, calme, tranquille. Parmi ceux qui l'entouraient se trouvait son neveu, Antoine Le Maistre, le fils de Catherine, brillant avocat éloquent et orgueilleux comme l'étaient naturellement tous les Arnaud. Il fut profondément bouleversé par cette mort. Quelque temps après, l'abbé de Saint-Cyran reçut sa confession, et le jeune homme décida de quitter le monde, lui aussi, et de se retirer à l'ombre des murs de Port-Royal, dans une petite maison du Faubourg Saint-Jacques où un de ses frères, M. de Séricourt, puis son autre frère, M. de Sacy, vinrent le rejoindre. D'autres solitaires se joignirent à eux, M. Singlin particulièrement, ce prêtre, fils spirituel de Saint-Cyran, que celui-ci avait placé comme confesseur auprès des religieuses. C'était un homme modeste et doux avec une grande autorité spirituelle et, sans éloquence, une puissance de persuasion qui subjuguait ses auditeurs.

« Nos messieurs », disait Angélique en parlant de ces amis de Port-Royal. Avec le temps, la persécution, l'influence de Saint-Cyran, leur nombre grandira et leur vie sera intimement liée à celle du monastère et de la grande abbesse. Vie de retraite et de silence, mais vie d'étude aussi, alternant avec le travail manuel le plus humble; vie d'amitié encore, où des liens puissants et forts se formeront entre ces âmes qui ne communiqueront et ne communieront que dans l'essentiel. Plus tard, après l'arrestation de Saint-Cyran, ils habiteront la Maison-des-Champs quelques mois, puis la Ferté-Milon, de nouveau Port-Royal-des-Champs, et enfin la Maison-des-Granges, qui garde pieusement leur souvenir. Nous les y retrouverons, silhouettes austères de solitaires : gens de qualité, gentilshommes, magistrats, militaires, brillant jadis dans le monde, qui trouveront toute leur joie à faire l'un les souliers des religieuses, l'autre le service d'un valet de ferme, un troisième la cuisine, un quatrième à s'occuper du jardin. Toujours louant et adorant Dieu en toutes choses. Aux heures d'études, ils apprenaient aux enfants qui leur étaient confiés (l'un deux sera le petit Racine) à lire en français, ou les initiaient aux beautés des langues grecque et latine, traduisant et commentant la Bible et les Pères, aussi raffinés et délicats dans leur style qu'ils étaient simples dans la vie quotidienne. Parfois, rarement, en dehors des moments d'oraison, ils avaient entre eux un de ces entretiens profonds, doctes, savants, comme celui de Pascal et de Sacy dont Fontaine nous a gardé le souvenir.

Dans un siècle où la gloire humaine va jouer un si grand rôle, où les cloches sonneront souvent pour des victoires, où les palais royaux attireront autour d'eux, comme la lampe les phalènes, tous les génies littéraires et artistiques du moment, ces solitaires partageront avec d'autres persécutés l'honneur d'être la moelle cachée, « la substance morale profonde de la France ».

Car eux aussi, comme les huguenots qu'ils méconnaissent et détestent, ils seront méprisés et combattus. Dès 1639, Saint-Cyran, leur père, fut arrêté. Il n'avait pas, esprit indépendant et fier, courbé la tête devant Richelieu ni accepté les avances du Père Joseph. Un volume de Saint Augustin sous le bras, il fut emmené, un matin de mai, au donjon du « bois de Vincennes » et resta cinq ans en prison, jusqu'à la mort du cardinal. Mis d'abord au secret, il put ensuite correspondre avec les siens et soutenir, par ses lettres, ses filles et fils spirituels.

Angélique avait besoin de cette aide. Malade, « le corps faible et usé », comme elle l'écrit, ne vivant pendant des semaines que de lait de femme, sur l'ordre du docteur, la captivité de Saint-Cyran lui fut une grande épreuve. Les chagrins s'accumulaient sur la route de l'abbesse : son frère Simon, tué à la guerre; sa vieille maman mourant à son tour après des mois de vives souffrances et d'admirable patience. Mme Arnaud fut entourée, en ses dernières semaines, des soins et des prières de ses six filles religieuses (Catherine étant novice depuis peu), de six petites-filles aussi à Port-Royal. Elle eut pour chacune un mot de conseil et d'affection : « Mon Dieu, qu'elles soient toutes à vous », priait-elle. Puis sa pensée allait vers son benjamin Antoine, qui venait d'embrasser l'état ecclésiastique. Comme testament, comme ultime recommandation, elle pria M. Singlin de l'adjurer de sa part « qu'il ne se relâchât jamais dans la défense de la vérité », conseil que le grand Arnaud devait pieusement recueillir et suivre pendant sa longue carrière.

Quinze mois après la mère de famille, Marie-Claire s'en allait à son tour, la première des six sœurs, rappelée à Dieu. La tuberculose la minait. Longtemps, elle lutta silencieusement, discrète, puis, quand elle fut forcée de s'aliter, fut soignée maternellement par Catherine. Un jour du mois de juin 1642, élevant la croix au-dessus de sa tête, elle mourut en criant : « Victoire ! » si belle encore dans son voile noir, que

M. Singlin, venu prier dès de son corps, la regardait, l'admirait, tout consolé.

Agnès continuait son triennat abbatial avec cette égalité d'humeur, cette sagesse pleine de bonhomie et de douceur, qui la rendaient populaire à Port-Royal. Mais quand, à l'élection, Angélique fut de nouveau désignée comme abbesse, elle eut une grande joie. Angélique fut contrainte d'accepter par M. Singlin. Pendant douze ans, jusqu'à la vieillesse, elle va exercer sa charge, accablée souvent par la maladie, mais de plus en plus active pourtant. Elle a cinquante ans maintenant, l'autorité de son âge et de son expérience, comme celle de son caractère. Le charme de la jeunesse a disparu : les traits sont plus massifs, la taille plus lourde; il y a moins d'impétuosité dans les reparties. Parfois perce, dans ses lettres, de la tristesse : deuils douloureux, doutes sur elle-même après les longues luttes de la vie, déceptions aussi qui, malgré les joies spirituelles, s'accumulent sur le chemin...

Pourtant, la période qui s'ouvre dans

l'existence de notre héroïne va être plus féconde que jamais. Aidée par des amies du dehors, des femmes nobles, distinguées, que le monde a désabusées et qui cherchent la paix près de la mère Angélique, celle-ci agrandira Port-Royal de Paris. Elle fera rebâtir la chapelle qui aujourd'hui encore fait notre admiration par ses proportions harmonieuses et la pureté de son style. Elle retournera à Port-Royal-des-Champs, où s'écrira pendant la Fronde un des plus pittoresques chapitres de son histoire. Elle entretiendra une correspondance régulière avec M. Macquet, la reine de Pologne, Mme de Sablé, tant d'autres encore. Elle secondera le « petit frère » devenu Arnaud le grand docteur, dans sa lutte pour la vérité.

Mère Angélique vieillissante, comme à l'âge des grand'mères, quand le soir vient et que tant d'autres demanderaient le repos, vous êtes encore énergique, agissante, merveilleuse d'entrain ! L'exemple de votre maturité nous est aussi précieux que celui de votre jeunesse.

CHAPITRE XIV

PORT-ROYAL-DES-CHAMPS ET LA FRONDE.

RICHELIEU venait de mourir et la France, qu'il avait pourtant sincèrement aimée, respirait. Le faible roi Louis XIII devait lui survivre à peine six mois, mais pendant cette courte période il signa la mise en liberté de M. de Saint-Cyran.

Le 6 février 1643, les sœurs de Port-Royal étaient réunies au réfectoire, prenant, dans le silence, leur repas du milieu du jour. La mère Agnès avait été appelée au parloir, mais revint vite dans la longue pièce voûtée. Sans rien dire, pour ne pas enfreindre la règle, mais sachant que toutes la regardaient et, les yeux brillants de joie, d'une geste d'allégresse elle défit sa ceinture. Les religieuses comprirent le symbole, et des cœurs heureux s'élevèrent des actions de grâces. Le même soir, le grand serviteur de Dieu couchait au monastère et, huit jours après, communiait avec elles toutes. Ce fut pour Angélique une heure d'émotion profonde.

L'année 1643 lui en réservait d'autres, au moment de l'apparition du livre d'Antoine Arnaud sur *La fréquente communion*. Ecrit à l'instigation de Mme de Guéménée (une des amies de Port-Royal, celle-là même qu'avait aimée de Thou), cet ouvrage, qui eut un énorme succès, fut pour notre abbesse un grand sujet de joie. Elle y retrouvait condensées, clarifiées, proclamées, les meilleures de ses pensées et de ses expériences, ses méditations aux heures de recueillement, tout ce que le chemin parcouru avec le Christ lui avait peu à peu appris. Et ceci dans un style « clair, ferme, méthodique, nourri et comme tissu de citations décisives des Pères et de l'Ecriture », a dit Sainte-Beuve.

Or, l'auteur de ce livre selon son cœur était son « petit frère ». Peut-être, parmi ceux et celles qui appelaient Angélique « ma mère », aucun être n'avait remué en elle aussi profondément que lui cette fibre maternelle ardente, presque douloureuse, cachée aux regards de tous. Elle savait bien, la vaillante, qu'écrire dans un tel temps un tel livre, c'était s'attirer les foudres des ennemis de la vérité, se préparer des souffrances. Mais tendre, Angélique est héroïque aussi :

« Notre bonne mère qui vous a commandé en mourant de souffrir pour la Vérité, et à moi d'être votre mère, m'a comme laissé ce tendre amour qu'elle avait pour son Benjamin, et j'espère qu'elle m'obtiendra aussi de Dieu sa force, vous voyant souffrir d'aussi bon cœur et mourir, si Dieu vous en rend digne, pour la vérité, comme elle l'a désiré. »

A dix-huit ans, la jeune fille, qui aimait passionnément son père, lui avait résisté, le cœur déchiré, par amour de la vérité. A cinquante-deux ans, la femme vieillisssante exhorte à souffrir par amour de la vérité encore, celui qu'elle regarde comme son enfant spirituel de prédilection :

« *Il n'y a point de bonheur pareil à celui d'une âme qui n'aime que la vérité, qui ne cherche que la vérité et qui ne désire rien sinon d'être conduite dans la vérité* », a-t-elle écrit. Elle aurait pu ajouter : « *et d'aider à y conduire ceux qu'elle aime* », car toute sa vie le répète.

Ce fut encore en 1643 que l'abbesse perdit son grand appui : M. de Saint-Cyran. Epuisé par la captivité, il mourut le 11 octobre, et Port-Royal devint orphelin.

Pourtant, le renom de l'abbaye grandissait. Des amis se groupaient autour d'elle de plus en plus. Le livre d'Arnaud était discuté, encensé, calomnié, et le bruit que la mère Angélique avait toujours cherché à fuir venait jusqu'à elle, malgré la clôture.

Elle soupirait après le silence et la retraite, et peu à peu renaissait et s'accentuait dans son esprit le regret de la Maison-des-Champs. A cette heure, les solitaires l'occupaient. Ils l'avaient assainie et réparée. Voyant s'entasser religieuses et pensionnaires entre les murs trop étroits du monastère de Paris, l'abbesse entreprit auprès de l'archevêque, M. de Gondi, des démarches qui aboutirent en 1648. Elle eut l'autorisation, partageant la communauté en deux, de ramener un certain nombre de religieuses à Port-Royal-des-Champs. Les « Messieurs », qui avaient préparé la maison, devaient aller habiter la ferme des Granges, sur la hauteur dominant le vallon.

Le 13 mai 1648, après la première messe du matin, l'abbesse rassembla ses filles au chapitre. Elles étaient là toutes, dans l'habit du Saint-Sacrement qu'elles avaient depuis peu l'autorisation de porter : le scapulaire blanc sous le voile noir, la croix rouge sur la poitrine. Comme au jour où elle était partie jadis pour Maubuisson,

Angélique leur explique son départ et, voyant couler leurs larmes :

« Pourquoi pleurez-vous, mes sœurs? Ne faut-il pas faire la volonté de Dieu gaiement et de bonne grâce? » leur dit-elle.

Agnès et Anne restaient à Paris; Catherine faisait partie des dix sœurs qui accompagnaient l'abbesse, ainsi que la sœur Angélique de Saint-Jean, la fille de Robert d'Andilly, qui sera plus tard sa digne héritière.

A Port-Royal, les cloches sonnaient joyeusement quand les carrosses débouchèrent au tournant de la route, à deux heures de l'après-midi; toute la population du pays : vieilles femmes et pauvres gens, paysans et travailleurs, poussaient des cris de joie. Devant la porte de l'église, qu'ils avaient exhaussée et arrangée, le groupe des « Messieurs » attendait, la croix en tête. Quand les sœurs furent entrées dans le sanctuaire, ils se joignirent à elles pour chanter le *Te Deum*. Jamais souveraine rentrant dans ses Etats ne fut reçue avec plus de joie que la mère Angélique revenant après vingt-trois ans d'absence au monastère de sa jeunesse et de ses premières ardeurs.

Tout de suite, l'abbesse essaya de faire renaître la vie idyllique des premiers temps de la réforme. Les « Messieurs » l'y aidaient. Leur voisinage discret et sympathique, chevaleresque et dévoué, était pour elle un soutien spirituel et matériel à la fois: Antoine Arnaud devenait le confesseur des sœurs; M. Pallu, leur médecin, en attendant le délicieux M. Harnon, faisait au dehors les commissions charitables de l'abbesse. M. d'Andilly, transformé sur ses vieux jours en jardinier, régalait les religieuses des poires de son espalier.

Heures tranquilles, heures sereines! Elles dureront peu!

La France, ces années-là, écrivait une belle page d'histoire militaire : la bataille de Rocroi, les sièges de Thionville, Philippsbourg, Dunkerque, la victoire de Lens, amenant le traité de Westphalie en 1648, qui assurait la paix à l'Allemagne et nous donnait les trois évêchés et la souveraineté de l'Alsace. Mais les médailles de gloire ont leur douloureux revers de sang, de larmes, de pauvreté, de haine. Les finances nationales étaient dans un état déplorable; les impôts qui pesaient sur le peuple avaient été augmentés, tandis que les gens d'affaires faisaient des fortunes prodigieuses. Les charges se vendaient de façon scandaleuse. La noblesse, qui avait vaillamment combattu, était grisée de ses victoires. Des partis se formaient, intriguant les uns contre les autres, et le Parlement crut le moment venu d'imiter celui d'Angleterre, et de prendre part à la direction de l'Etat. L'ennemi commun, c'était Mazarin, cet Italien souple et rusé, qui n'avait pas l'autorité de Richelieu, mais avait hérité de sa politique et de ses ambitions pour le pouvoir absolu. Le résultat, ce fut la Fronde, la lutte civile installée dans la capitale et au cœur de la France, les graves magistrats et les belles dames s'alliant contre le pouvoir royal, et le peuple souffrant des ravages et de la guerre.

Jusqu'à ce moment, Port-Royal était resté à l'abri des tempêtes du monde, un petit îlot de silence et de paix au milieu de la mer agitée, ne connaissant que les batailles d'idées. Si Angélique fait allusion, dans ses lettres, au bruit du combat qui gronde aux frontières, c'est pour plaindre en passant les pauvres gens qui en sont les victimes. Les mousquetades annonçant des victoires, les récits de hauts faits d'arme, tout ce tapage fait partie du tumulte de la vaine gloire, sur lequel obstinément elle a fermé sa fenêtre, « ne pouvant plus souffrir Paris ni ce monde », écrit-elle. C'est la tentation, la convoitise des yeux qui les détourneraient, elle et ses filles, de la contemplation attentive et arrêtée du Crucifié; la vanité des nouvelles qui romprait le silence, où doit seule retentir la voix de l'Esprit.

Mais quand l'humanité vient frapper à la porte du monastère, sous la forme douloureuse des pauvres gens terrifiés, chassés de leurs chaumières, des femmes menacées, « le cœur royal » de Mme Angélique tressaille et, pour la première fois, la clôture cède.

Déjà, au commencement de 1649, les nouvelles de Paris l'avaient effrayée. Deux magistrats, M. le Nain et M. de Bernières, avaient engagé la mère Agnès à déménager avec ses religieuses rue Saint-André-des-Arts, près du centre de la ville. Seules quelques anciennes étaient restées au Faubourg Saint-Jacques, et avec elles sœur Magdeleine, la pauvre petite Madelon de jadis, qui devait mourir loin de ses chères sœurs abbesses, le 3 février. M. Singlin, allant des unes aux autres, sans frayeur, portait les secours de son ministère et les nouvelles.

Aux Champs, la maison fut vite transformée en asile, en lieu de refuge pour tout le pays environnant. Descendus de leur thébaïde des Granges, les solitaires prenaient la truelle du maçon pour refaire la muraille et les tours de guet autour du domaine. Leurs vieilles épées rouillées sortaient du fourreau et ils montaient la garde. Les portes s'ouvraient toutes grandes pour accueillir les paysans des environs (amenant leur bétail et leurs récoltes), les religieuses isolées comme celles de Gif. Le monastère ressemblait à une arche de Noé, la cour pleine de poules, d'oies, de canards, les dépendances de vaches, de moutons, de chevaux.

« *Notre église*, écrit la mère Angélique, *était si pleine de blé, d'avoine, de pois, de fèves, de chaudrons de toutes sortes, de haillons, qu'il fallait marcher dessus pour entrer au chœur, lequel était en bas rempli des livres de nos Messieurs. De plus, il y avait dix ou douze filles qui se sont sauvées chez nous; toutes les servantes des Granges étaient au dedans, les valets au dehors. Les granges étaient pleines d'estropiés; le pressoir et les lieux bas de la cour étaient pleins de bêtes. Enfin, sans le grand froid, je pense que nous eussions eu la peste... Tout est devenu hors de prix ici, tout ayant été ravagé. Enfin, c'est une pitié terrible que de voir ce pauvre pays. Je ne pensais pas vous dire tout cela; mais comme j'en suis remplie de pitié et de souci, je le dis insensiblement.* »

Dans de grandes chaudières, on faisait la soupe, pour tous les malheureux. Les paysans allaient et venaient, apportant et recherchant ce dont ils avaient besoin et, malgré l'affluence, tout était classé, étiqueté. Angélique fatiguée, vieillie, retrouvait l'entrain, l'activité de ses vingt ans pour diriger, ordonner, soigner, panser, réconforter.

« Dieu nous a fait aujourd'hui la grâce de faire ce qu'il ordonne dans son Ecriture, de réjouir les entrailles des pauvres », disait-elle.

Au bout de quelques mois, et sans que la bataille se soit approchée trop près de l'abbaye, la lutte fit trève et la paix revint.

Tout de suite la vie reprit à son stade normal, calme, ordinaire. Le nombre des solitaires augmentait aux Granges, et aussi celui des novices et des pensionnaires, soit à Paris, soit aux champs.

Pourtant, la calomnie grondait autour de Port-Royal. L'autorité ecclésiastique, une première fois, avait interdit M. Singlin, l'empêchant d'apporter aux religieuses les secours de son ministère. Une première visite domiciliaire avait eu lieu sans résultat. Le livre de *La fréquente communion* continuait à soulever des tempêtes. Insensiblement, le fossé se creusait entre ceux qu'on appelait les Jansénistes et l'Eglise travaillée par les Jésuites. Une ardente polémique s'engageait entre M. Arnaud et eux.

Ce n'étaient pas seulement là des querelles de théologiens sur la doctrine de la grâce et les cinq propositions contenues ou non dans le livre de Jansénius. Il y avait bien plus! L'éternelle lutte de l'esprit contre la lettre, de la vérité contre l'erreur, de la soumission à Dieu seul contre le joug des traditions et des autorités humaines, reprenait comme au temps de la Réforme, comme demain à la Révocation. Ces Port-Royalistes, fils et filles dévoués de l'Eglise catholique, qui ne demandaient qu'à la servir et prier pour elle dans le silence et la retraite, étaient diffamés par elle auprès des puissances, et persécutés. Douleur profonde, mais douleur qui purifie et qui élève.

« L'humble souffrance est un des plus forts moyens pour défendre la vérité, disait noblement la mère Angélique, parce que la vérité est sainte et la patience l'est aussi. »

Tourmentée par cette lutte, la grande abbesse continuait à voir mourir autour d'elle ses chères affections. Depuis la mort de sa mère, Catherine, son aînée, lui était devenue plus précieuse encore. La bonté de Mme Le Maître se répandait sur l'abbaye toute entière, depuis l'imposante mère Angélique jusqu'à un pauvre petit bébé tout rongé de plaies, qu'elle avait recueilli et qu'elle soignait dans sa cellule. En 1650, son fils, M. de Séricourt, qu'elle avait cru jadis perdre au siège de Philippsbourg et dont la conversion lui avait donné tant de joie, se mourait de la poitrine, comme Marie-Claire huit ans avant. Mère avant tout, Catherine, frappée au cœur, dès ce jour déclina. Quelques mois après, elle partait doucement aussi à son tour, aidée par son autre fils, M. de Sacy, et par Antoine Arnaud, son jeune frère, reconnaissante d'avoir de tels enfants. Les joies et les douleurs de sa vie, les tristes heures de son mariage, les angoisses et les consolations de la maternité, elle apportait tout à Dieu, murmurant comme dernières paroles, ces vers d'un hymne qu'elle aimait :

Heureux qui n'est qu'à toi,
Qui de toi se contente...

Elles savaient mourir, ces sœurs Arnaud, comme elles avaient su vivre : simplement, humblement, héroïquement. Mais aucune peut-être mieux qu'Anne-Eugénie ne souhaita et ne salua la mort comme une amie.

« Il semble qu'elle voit le paradis », écrivait sa sœur. Sa réputation de sainteté était telle, qu'il fallut toute l'autorité spirituelle de l'abbesse pour empêcher qu'on ne recueillît superstitieusement ses reliques.

Et maintenant Angélique et Agnès restaient seules, et les ombres du soir s'allongeaient sur leur chemin.

CHAPITRE XV

LES LETTRES DE LA MÈRE ANGÉLIQUE

Un des meilleurs témoins de ce qu'ont été la maturité et la vieillesse de la mère Angélique, ce sont ses lettres. Elles s'étendent de 1620 à 1661. Celles de sa jeunesse sont rares et sa correspondance avec saint François de Sales a été égarée ou supprimée.

La mère Angélique de Saint-Jean nous apprend comment, à Port-Royal, on eut l'idée de garder copie des lettres de l'abbesse, à son insu. Plus tard, elles furent classées, publiées et peut-être aussi retouchées à Utrecht par les Jansénistes de l'exil.

Si ces lettres ne sont point empreintes de préciosité et de recherche comme celles de la mère Agnès, elles ont pourtant moins de simplicité et de vivacité qu'on ne l'eût attendu, d'après les boutades de notre héroïne, conservées par les relations. Le style en est, par moments, lourd, compassé, différent de la parole brève et lapidaire de la mère Angélique. Peut-être était-elle embarrassée, la plume à la main; peut-être aussi les savants copistes qui avouent avoir supprimé « quelques lettres qui n'apprenaient rien », ont-ils assez maladroitement arrangé les autres. Quoi qu'il en soit, et malgré leurs défectuosités, ces lettres nous sont très précieuses. Elles nous permettent d'entrer plus avant dans l'intimité de cette âme et de suivre l'abbesse dans ce rôle d'éducatrice des consciences où elle excellait.

Les correspondants d'Angélique sont très nombreux. Il y a sa famille d'abord, spécialement deux de ses frères : Robert d'Andilly et Antoine Arnaud, le docteur.

Les lettres à M. d'Andilly, nombreuses les premières années, deviennent rares après la retraite de celui-ci à Port-Royal en 1645 ou 1646. Angélique prend part aux événements de famille ou de carrière de son frère aîné, le met au courant de ce qui se passe à Port-Royal. Mais, sous la déférence respectueuse de sa sœur cadette, perce de plus en plus son grand désir de voir M. d'Andilly « dans les vraies voies de Dieu ». La joie de l'abbesse, quand il y entra, fut « proportionnée à la tendresse naturelle qu'elle eut toute sa vie pour lui ».

Cette tendresse éclate encore mieux dans les lettres au « petit frère ». Celles-ci sont peut-être les plus affectueuses que nous ayons de la mère Angélique. On y sent vraiment battre son cœur. Déjà, en 1639, dans une lettre à M. d'Andilly, elle parle de la conversion d'Antoine Arnaud et de l'influence que Saint-Cyran a eue sur lui, avec les actions de grâces d'une mère. Puis viennent la mort de Mme Arnaud, la publication du livre de *La fréquente communion*, la position très nette que prend M. Arnaud pour défendre la vérité. Les messages de la grande sœur se multiplient, encourageants, tendres, à la fois humbles et sévères.

Elle est fière de son frère entièrement, maternellement; elle souffre de le voir souffrir. D'autre part, quand il est approuvé, encensé, elle tremble. Elle connaît trop bien le vieil ennemi des Arnaud : l'orgueil.

« *Ce grand applaudissement de beaucoup de gens me déplaît; car, bien que je sache que, grâce à Dieu, vous ne vous y arrêtez pas et que vous connaissez aussi bien cette vérité que les autres, qu'il n'y a rien de nous en nous et en toutes nos actions que le péché et la faiblesse, néanmoins j'éprouve tous les jours que notre nature corrompue ne laisse pas de prendre quelque secrète complaisance, dérobant ce que nous savons bien ne pas nous appartenir. Enfin, mon très cher, nous devons toujours trembler. Vous le savez incomparablement mieux que moi par la lumière de l'esprit, mais je le sais mieux que vous par l'expérience de ma grande corruption.* »

Il n'est pas possible d'être plus humblement et plus dignement sœur aînée.

Avec M. Le Maître, son neveu, le ton d'Angélique est différent. Certes, elle l'aime aussi ce premier des « ermites » gagné par Saint-Cyran au lit de mort de Mme d'Andilly. Elle le regarde comme « *le plus heureux des hommes, faisant tout dans la paix et la joie que donne le Saint-Esprit qui est charité* ». Mais leur correspondance la plus fréquente et la plus intéressante date de 1652, du temps de la deuxième Fronde.

Fuyant la guerre et la dévastation, la mère Angélique et ses religieuses ont cette fois-ci regagné Paris. Autour de l'abbaye délaissée, les solitaires campent, établis dans le petit château de Vaumurier comme dans une forteresse. Grâce à la générosité du châtelain, le duc de Luynes, les pauvres d'alentour, les chers pauvres de Mme l'abbesse ont trouvé asile, et la bonne mère Louise leur fait à nouveau la soupe dans les grandes marmites du couvent. Le Saint-Sacrement a même été enlevé de l'église, de crainte des outrages des soldats.

M. Le Maître est le trait d'union entre Port-Royal et la mère Angélique, le confident des angoisses de celle-ci, le messager de sa reconnaissance envers le duc de Luynes.

En ce printemps de 1652, comme une armée de sauterelles, les gens de guerre se sont abattus sur les paisibles campagnes d'Ile-de-France, brûlant, saccageant, pillant. Paris regorge de réfugiés et la misère est grande. La farine est rare et hors de prix, l'émeute gronde. Port-Royal de Paris, hébergeant des religieuses étrangères, éclate dans ses murs. Surmenée, le cœur étreint et torturé des tristesses qui l'entourent, l'âme déchirée de voir le mal s'étaler et monter comme une marée, Angélique se multiplie. Ses lettres, confiées à des messagers sûrs, vont retrouver dans leur « ermitage » de Vaumurier ses amis les solitaires. Ceux-ci, une nuit, traversent la plaine désolée, au mépris de tous les dangers, pour venir ravitailler jusqu'au faubourg Saint-Jacques, les sœurs affamées.

D'autres lettres d'Angélique s'en vont

bien plus loin encore, jusqu'en Pologne. En 1645, la princesse Marie de Mantoue (ex-fiancée de Cinq-Mars) a épousé par procuration le roi Ladislas de Pologne et est partie pour le rejoindre. Elle avait connu et aimé Port-Royal, et y avait fait plusieurs fois des retraites. Une correspondance régulière s'établit entre elle et l'abbesse, correspondance qui dura seize ans et nous apporte les échos fidèles de la vie de l'abbaye et des pensées d'Angélique.

Tantôt ce sont de vraies lettres de direction. Sous les formules du respect et de l'étiquette se devine le profond amour d'Angélique pour l'âme de cette reine. Certains passages ont l'accent sévère des sermons de Bossuet à la cour du roi Louis XIV. On les sent inspirés par l'Ecclésiaste ou les Psaumes et tout imprégnés de sève biblique :

« *Tout le reste (tout ce qui n'est pas la grâce de la piété) n'est qu'un néant et toute cette pompe et cette grandeur qui envi-*

ronnent votre Majesté ne sont que comme une fumée de parfums agréables aux sens, qui s'évapore en un moment. »

« *Madame, votre Majesté n'est que pèlerine et étrangère sur la terre, comme disait de lui le saint roi David, de sorte que toutes les affaires qu'elle y traite qui ne concernent que le passage de ce monde, lui doivent peu importer à l'égard de celles qui doivent la conduire au ciel qui est son vrai pays et son éternelle demeure.* »

Angélique pensait, comme elle l'avait écrit en 1644 à son frère d'Andilly, que « *la conduite de l'Evangile n'est que pour les petits et les pauvres et non pour les grands que Dieu conduit par des miracles quand il les veut sauver et non par les voies ordinaires* ». Aussi, pour cette pénitente royale, multiplie-t-elle les avertissements et les conseils, les prières surtout.

Elle sait encore que Marie est très attachée au pays de sa jeunesse et que les nouvelles de France seront bien reçues dans cette cour lointaine. Certes, la gazette de la mère Angélique est austère : ce sont les sermons de M. Singlin, les vexations contre Port-Royal, la dédicace de l'église, l'installation aux Champs qu'elle raconte avec une liberté, un luxe de détails, un entrain qui montrent que, de l'autre côté de l'Europe, les lettres étaient attendues avec impatience. Pendant la Fronde, le ton change encore. Les souffrances des campagnes, l'immoralité des gens de guerre, la pittoresque installation du mobilier et du bétail à Vaumurier, la bataille à la porte Saint-Antoine, l'arrivée des blessés à l'hôpital, les meurtres dans les rues, et en même temps au sein même de l'insurrection, la vie mondaine qui continue, la comédie à l'hôtel de Bourgogne, les collations aux Tuileries, tandis que dans les églises presque vides se dit la prière des quarante heures, tout cela est pris sur le vif, alertement, sans aucune littérature, mais avec un grand souci de vérité et le désir profond d'émouvoir le cœur de la reine lointaine. La mère Angélique y réussit, et Marie la charge, avec saint Vincent de Paul, de devenir la distributrice de ses aumônes. Pus tard, la reine se fera, près du pape, la protectrice et l'avocate de Port-Royal persécuté.

A côté de la reine de Pologne, d'autres grandes dames : la princesse de Guéménée, la marquise d'Haumont, la marquise de Seignelay, la marquise de Sablé, etc..., faisaient partie de l'entourage de la mère Angélique et ont été à l'occasion, sinon régulièrement, ses correspondantes. Parmi elles, il faut signaler la charmante duchesse de Luynes. Elle avait désiré vivre, ainsi que son mari, dans la retraite, dans la prière, dans l'exercice de la charité, et elle mourut toute jeune, avec ses deux dernières petites filles qui venaient de naître. Elle demanda à être enterrée à Port-Royal pour être, même dans la mort, plus près de sa mère spirituelle.

Mère spirituelle! Plus encore que de ses « grandes amies », des reines ou des duchesses, Mme Angélique l'était de ses filles de Port-Royal, ou des religieuses qui au dehors, dans d'autres couvents, propageaient l'esprit de l'abbaye. Le suc même de la vie profonde d'Angélique, c'est dans ces lettres-là, lettres de direction, lettres pastorales, qu'il faut aller le récolter, et elle nous y apparaît bien différente de certains portraits qu'on a tracés d'elle devant la postérité.

D'abord, elle n'était pas théologienne. Il serait inutile de chercher dans ses écrits un système de doctrines, un échafaudage de raisonnements humains. En 1653, en pleine bataille du jansénisme, elle écrit au confesseur de la reine de Pologne :

« *Je vous envoie les questions* (les cinq propositions qui venaient d'être condamnées) *afin que, si vous le jugiez à propos, vous les fassiez voir à la reine. Pour moi, je vous confesse que je ne les entends point du tout, et que je me contente de ce que Notre Seigneur nous a dit que sans lui nous ne pouvions rien faire, et son apôtre que nous ne pouvons de nous-même, comme de nous-même, prononcer le saint nom de Jésus. Cela me suffit pour me faire croire le besoin que j'ai de la grâce de Notre Seigneur pour chaque bonne œuvre, et pour m'obliger de la demander. J'estime que c'est un grand malheur que l'orgueil et la présomption des hommes aient obligé les saints à les convaincre, par tant d'arguments et de disputes, pour maintenir la vérité qui sera toujours victorieuse quoi que la malice fasse.* »

Sans théologie, mais par conscience et avec son respect profond de la vérité, Angélique a essayé de « penser sa foi », comme nous dirions aujourd'hui. Chez elle, pas d'effusions mystico-sentimentales ou de descriptions poétiques de son état d'âme, mais un témoignage profond et souvent éloquent à ce qui fait la base de sa vie religieuse : le sentiment de la corruption humaine, du péché de l'homme, et celui de la vertu toute-puissante de la grâce divine agissant par le sacrifice de Jésus-Christ; des appels directs et pressants à la pénitence, au repentir, à la foi, à la confiance journalière en la Providence de Dieu; des conseils de vie chrétienne pratiques et appropriés à chacun de ses correspondants. La piété janséniste, qu'on nous a souvent dépeinte triste, désespérée, orgueilleuse, dressant un crucifix aux bras étroits, levés vers le ciel, se montre ici saine, forte, vraiment biblique, mettant au centre la personne du Sauveur avec un accent indéniable d'espérance, de ferveur, d'obéissance à la volonté divine. Il y a là un tel trésor de richesses spirituelles; il faudrait pouvoir tout citer :

« *L'abîme de nos misères ne nous doit point effrayer, puisque l'abîme de la miséricorde du Seigneur le surpasse infiniment. Ma chère sœur, je vous supplie, ne vous regardez plus, mais voyez Jésus-Christ en croix. Il vous tend les bras et il vous convie de laisser toute attention sur vous pour la donner tout entière au sacrifice qu'il offre pour vous en cette croix où il a payé vos dettes et vous acquiert des trésors infinis de grâces... La sainte obéissance du Fils de Dieu a été toute volontaire, toute franche, toute soumise, toute parfaite et sans choix. Elle était son unique objet en toutes ses actions et perpétuellement, en sorte qu'il a autant aimé l'assujetissement aux besoins de la nature et de la vie commune qu'il a menée entre les hommes, mangeant et buvant avec eux, que le jeûne de quarante jours qu'il a pratiqué dans le désert, et autant l'office de charpentier que celui de prédicateur et de faire des miracles, ne regardant en tout que la volonté de son Père. Cette sainte volonté donnait seule le prix et le mérite à toutes ses actions, et par conséquent elle le donnera seule aux nôtres.* »

Plus Angélique a avancé dans la vie de conseillère d'âme, dans la vie « pastorale », et mieux elle a compris le danger des mortifications et des pénitences que sa jeunesse avait données en exemple : « *Il faut que les filles soient vraiment spirituelles et solidement vertueuses, pour ne pas regarder toutes les bonnes lois en Juives, mais en chrétiennes* », écrivait-elle à son ami M. Macquet. Si, d'une plume sévère et qui a parfois toute la rigueur alerte de ses boutades, elle fouaille telle pensionnaire paresseuse, orgueilleuse, inconstante, ou souhaite à une religieuse de devenir « aussi pauvre et petite que saint Martin », elle a pour les âmes troublées, éprises de sacrifices et de dévotions extraordinaires, une tendresse sereine, calme et maternelle, qui les ramène dans le chemin de l'humilité et de la sagesse.

« *Enfin, ma très chère sœur, plus de désirs que d'adorer Dieu en esprit et en vérité, qui n'est autre chose que de faire toujours et en toutes choses sa très sainte volonté, que nous ne saurions connaître que par l'obéissance, ni accomplir que dans la soumission... Ne vous effrayez point d'humiliation ni d'austérité. Soyez fidèle aux petites choses et, pour les grandes, ayez patience sans découragement. Désirez et demandez pour l'avenir ce qui ne vous est pas encore donné. Souvenez-vous toujours que la demeure de Dieu est en paix et qu'où il n'est pas, on ne peut rien faire. Faites aujourd'hui le peu que vous pourrez, et espérez plus de force pour demain.* »

« *Pour savoir si nous suivons Jésus-Christ dans le chemin du ciel, si nous sommes ses disciples et de l'heureux nombre de ses élus, nous n'avons qu'à examiner notre conscience, pour savoir si nous sommes résolues d'entrer et de demeurer jusqu'à la mort dans cette pratique* (celle du renoncement à soi-même). *Si cela est, nous sommes trop heureuses et, quelques imperfections qui nous restent à surmonter, nous ne devons pas nous décourager. Au contraire, si nous nous trouvons faibles dans le désir de ce renoncement entier de nous-mêmes, et que d'ailleurs nous soyons dévotes et vigilantes à l'office, actives au travail, sobres au manger, silencieuses et modestes, toutes ces cinq vertus sont fausses et ne serviront qu'à nous faire entrer dans les malheureuses voies, dont parle notre règle avec l'Ecriture, qui paraissent droites aux yeux des hommes, et dont la fin aboutit au fond de l'enfer.* »

Quelques lettres adressées à la supérieure des Annonciades de Boulogne, sur sa tâche, nous permettent d'entrevoir la vigilance et le savoir-faire d'Angélique en maniant les âmes. Elle en a connu toutes les variétés, notant le fort et le faible de chacune avec une science psychologique intuitive qui étonne chez une femme d'action comme elle. Sans lassitude, mais sans illusion, jusqu'au bout de sa longue vie, elle encourage, elle réprimande, elle enseigne :

« *J'apprends tous les jours qu'il faut avoir des vertus sans borne pour conduire les âmes à Dieu* », écrit-elle. Puis, entre deux recommandations, sans appuyer, elle glisse le conseil suprême, comme le talisman de sa mystérieuse influence : « *Il faut que vous preniez un temps pour vaquer à vous seule, pendant lequel vous abandonniez vos sœurs à la divine Providence.* »

Veiller, lutter, diriger, puis savoir, dans la solitude et la prière, se retirer et s'offrir à nouveau « par les humiliations aux inspirations », comme dira Pascal. Labourer, semer avec amour et avec persévérance, puis attendre patiemment et dans le silence que la grâce divine, qui seule opère, fasse son œuvre. Et soi-même, chaque jour, se renouveler dans la communion du Père, toute la vie de la mère Angélique, comme toute sa correspondance, nous révèlent ce simple mais difficile secret de son extraordinaire action sur les âmes.

CHAPITRE XVI

DERNIÈRES ANNÉES

La mère Angélique vieillit. Elle a maintenant plus de soixante ans, un corps usé par les fatigues et la maladie, si la volonté et la force de la pensée sont restées intactes. La tempête continue à gronder à l'horizon et les nuages à s'amasser contre Port-Royal. Autour de la grande abbesse, l'atmosphère de respect, de dévotion pour elle se fait plus dense. Angélique commence à devenir légendaire et l'on sent bien, à travers les *Relations* qui se multiplient, notant toutes ses paroles, les incidents les plus minimes de sa vie, que les religieuses songent à sa béatification possible, répondant victorieusement aux attaques de leurs ennemis.

Parmi ces récits divers et d'intérêt inégal,

celui de la sœur Sainte-Euphémie appelle particulièrement notre attention. Jacqueline Pascal avait subi dès la maison paternelle l'influence du jansénisme, et avait été soutenue par son frère dans son désir d'entrer au monastère. Femme intelligente, cultivée, faisant des vers précieux dans le goût du temps, une tendresse ardente l'unissait à Blaise. Profonde et passionnée comme lui, elle s'attacha vite à la mère Angélique, épousant la cause de Port-Royal et désirant lui donner tout son bien, à l'occasion de sa profession.

Pendant ce temps, son frère repris par la science, la gloire, ce que Jacqueline appelait le monde, s'éloignait d'elle et de Dieu. Après les « *Prières pour le bon usage de la maladie* », et la « *Lettre sur la mort de son père* », c'est le temps du « *Discours sur les passions de l'amour.* » Aux prétentions de Jacqueline, il répond en élevant mille chicanes et en parlant de « déshéritement ». Sa sœur en est désolée. Elle ne veut pas, fièrement, être reçue gratuitement dans une maison qu'elle aime. De plus, l'apparente cupidité de celui qu'elle considère comme son aîné dans la foi, la bouleverse. La mère Agnès s'essaie à la consoler et M. Singlin aussi. Tout Port-Royal est là, avec son désintéressement complet. Les conseillers mettent tout de suite à l'arrière-plan la question matérielle. Ce qu'ils veulent, c'est agir avec humilité et justice envers ceux qui n'abandonnent pas volontairement ce qui leur est demandé.

Au printemps, la mère Angélique arrive des Champs pour une de ses visites habituelles. La sœur Sainte-Euphémie vient d'écrire à son frère et à sa sœur Mme Périer. Elle leur laissera son bien, quelque injuste que cela puisse lui paraître, et se résignera à faire profession sans dot. La question est liquidée, mais son cœur reste lourd. Il lui est dur d'avoir dû contester avec ceux qu'elle aime et de les blâmer, même discrètement. Sa tendresse est déçue et sur sa figure se peint son chagrin.

Angélique, qui voit tout, le remarque vite. Elle interroge la jeune sœur et, dans une conversation que celle-ci nous rapporte mot à mot, essaie de l'élever jusqu'au détachement complet. L'abbesse est pleine de bonté, mais elle a un sens juste de l'état d'âme de Jacqueline. Elle lui montre que sa tristesse est mélangée d'amour-propre. Elle essaie de la rendre plus indulgente pour ceux qui ne connaissent pas encore la douceur du renoncement complet :

« Toutes les choses extérieures et périssables ne sont rien. La perte que l'on fait de la plus petite grâce de Dieu est mille fois plus considérable devant lui que celle de tous les biens de la terre. »

Sœur Sainte-Euphémie interrompt la mère, lui posant des objections, et l'abbesse répond, citant des exemples, montrant dans ce récit autant de désintéressement que de maternelle sympathie :

« Ecrivez-leur comme si rien n'était arrivé. Mais souvenez-vous qu'en tout cela vous devez écrire et parler sincèrement, car d'un côté, il faut éviter de le faire par orgueil et par courage en disant : « Nous aurons plus de générosité que vous. » Il faut qu'il n'y ait que la seule charité qui nous y oblige. D'un autre côté, il faut bien se garder de vouloir par là les piquer d'amitié, afin de les obliger à faire ce que vous voulez. Car ce serait reprendre d'une main ce que vous laissez de l'autre. »

Est-il possible de traiter les affaires pécuniaires avec plus de profonde délicatesse!

Quelques jours après, Blaise Pascal vient au monastère. A son tour, il est blessé et fâché. Derrière la demande de sa sœur, il a cru discerner un manque d'affection pour Mme Périer et pour lui. Jacqueline essaie de l'accueillir avec toute la « gaieté » que lui a recommandée l'abbesse, et l'assure qu'elle fera profession sans dot. Voici le frère repris alors dans sa conscience qui parle maintenant de prendre sur lui les charges et de donner en son propre nom à la maison, ce qu'il refusait de laisser faire à sa sœur. Trois ou quatre entrevues se succèdent, les conseillers de la sœur Sainte-Euphémie restent dans la coulisse. Mais elle note avec finesse leurs attitudes différentes : Angélique ne pense qu'à l'honneur de Dieu et à l'esprit de désintéressement qui doit régner dans la maison. Rien ne doit être fait qui puisse l'altérer. Agnès est préoccupée de sa chère novice, Jacqueline. Elle essaie de la faire profiter des leçons de patience et d'humilité que ces événements doivent lui donner. M. Singlin, s'il est le confesseur de la novice et l'aumônier de Port-Royal, est aussi l'ami de Blaise Pascal et de la famille Périer. Plein de compassion pour ceux qu'il trouve injustes, il s'essaie à amener une solution de paix.

Mme Angélique a peur. Elle ne veut rien accepter qui soit donné par force ou par contrainte. Un jour, après diverses visites différées, la voici dans le parloir de Port-Royal, en face de Pascal. Lui insiste maintenant pour que l'abbaye accepte une dot, et elle, avec sa dignité imposante et simple :

« Monsieur, je vous en conjure, au nom

de Dieu, de ne rien faire par considération humaine. Tout ce qui est fait par un autre motif que la charité n'est point un fruit de l'Esprit de Dieu, et par conséquent nous ne devons point le recevoir. »

Pascal répond tout « ce que la civilité dit en pareilles rencontres », et s'en va pensif. Mais désormais il reviendra souvent dans cette maison, où il a vu ce que c'était qu'être « détaché de toutes choses ».

Jacqueline a repris son influence sur Blaise. Il fait d'elle la confidente de ses luttes, de ses aspirations, de sa détresse. Un jour de septembre 1654, il lui avoue qu'il se sent « dans un grand abandonnement du côté de Dieu ». La grâce se dérobe, et pourtant c'est Dieu seul qu'il cherche à travers tout.

Jacqueline l'entoure de sympathie : « Je ne faisais que le suivre », écrit-elle. Novice favorite d'Agnès, fille spirituelle d'Angélique, elle a hérité de l'amour passionné de la vérité, de l'énergie combative de « ses mères ». Que de prières ne durent-elles pas ensemble faire monter vers Dieu pour l'âme de Blaise Pascal ! Et vint la nuit du 2 novembre 1654 où, saisi par la grâce divine, leurs demandes exaucées, Pascal tomba aux pieds de Jésus-Christ : « Renonciation totale et douce. Dieu de Jésus-Christ. Que je n'en sois jamais séparé. »

Quelques semaines plus tard, en janvier 1655, sur le conseil de M. Singlin, Pascal alla s'installer aux Granges et devint le proche voisin de la mère Angélique.

Nous ignorons s'il la visita cet hiver-là. Peut-être M. de Sacy l'emmena-t-il au parloir de l'abbaye, comme Antoine Arnaud l'avait fait pour le curé de Magny et d'autres encore. Peut-être la vieille abbesse, filant sa quenouille, lui parla-t-elle de la beauté de la pauvreté et de la grandeur de la miséricorde divine. Leurs âmes, sinon leurs intelligences, étaient faites pour se comprendre.

Tout ce que nous savons, c'est que la sœur Sainte-Euphémie, se rappelant la détresse de son frère, trouvait le pénitent de M. de Sacy « gai et réjoui », et s'étonnait qu'il « prétendît satisfaire aux vaines joies et aux divertissements du monde par des joies un peu plus raisonnables et des jeux d'esprit plus permis ». C'est ainsi qu'elle qualifiait les doctes entretiens rapportés par Fontaine!

Les *Relations* nous disent aussi que Pascal suivait assidûment les exercices de la maison. Nous est-il permis de l'imaginer entrant en fin de journée, au retour d'une de ses promenades solitaires, dans l'église de l'abbaye où sonne l'Angélus du soir ? Les chausses trempées de boue, jetant loin de lui son chapeau noir dégouttant de pluie, il s'agenouille sur la dalle nue. Sa figure fine, creusée par la pensée, son large front, s'inclinent dans la prière pendant que ses mains maigres et nerveuses serrent contre sa poitrine le petit Evangile que, tout à l'heure, il lisait dans les bois en marchant. Les religieuses pénètrent une à une dans le chœur. L'office commence et les voix graves chantent le Psaume XXII : « Mon Dieu, mon Dieu, pourquoi m'as-tu abandonné? »

« *Jour et nuit*, devait écrire Pascal, *ces saintes vierges adorent Jésus-Christ au Saint-Sacrement; elles prient dans le secret, pour vous et pour l'Eglise.* »

Son oraison rejoint la leur. Dans les accents déchirants de la prière du Crucifié, ce n'est pas leur angoisse personnelle qu'ils apportent, lui et elles, chrétien et chrétiennes, au pied du trône de Dieu. La calomnie qui gronde contre Port-Royal, les infirmités qui accablent la mère Angélique, les deuils, la maladie qui a, toute sa vie, étreint Blaise Pascal, ils les oublient. Mais la souffrance du Christ est pour eux tous, à cette heure, la poignante, la suprême réalité.

Avec sa puissance de vision merveilleuse, géniale, le solitaire accompagne le Seigneur dans le chemin pierreux, remontant du torrent du Cédron aux oliviers de Gethsémané. Les disciples sont engourdis par le sommeil. « Jésus au milieu de ce délaissement universel et de ses amis choisis pour veiller avec lui... Jésus prie dans l'incertitude de la volonté du Père... Jésus sera en agonie jusqu'à la fin du monde; il ne faut pas dormir pendant ce temps-là. » Blaise entend la voix divine lui parler : « Je pensais à toi dans mon agonie, j'ai versé telles gouttes de mon sang pour toi. »

Bouleversé d'amour et de repentir, voyant « son abîme d'orgueil, de curiosité, de concupiscence », il « perd cœur ». De nouveau la voix reprend : « Je peux t'en guérir et ce que je te dis est un signe que je veux te guérir. Je t'aime plus ardemment que tu n'as aimé tes souillures. »

Est-ce le souvenir d'heures semblables de méditation, que plus tard Blaise Pascal traduira, condensera dans les pages du *Mystère de Jésus*, qui sont ce que la piété chrétienne et la langue française réunies ont produit de plus pathétique et peut-être de plus grand.

En tout cas, après cette année passée presque entièrement aux Granges, Pascal écrit sa première *Provinciale*, pour défendre Port-Royal attaqué.

Port-Royal avait besoin de ce défenseur. L'heure de la bataille était arrivée. En 1653, le pape Innocent X avait condamné les cinq propositions que l'on disait contenues dans l'*Augustinus* et, en 1654, le cardinal de Gondi, protecteur du jansénisme, était mort. L'hiver suivant, vingt-deux jésuites, dénonçant les hérétiques, prêchèrent le carême à Paris. On accusait les solitaires de créer entre eux une communauté religieuse, en dehors de l'Eglise, et le jour vint où, de peur d'en être chassés, ils durent fermer leurs petites écoles et quitter la maison des Granges. Quand le lieutenant civil d'Aubrée, chargé d'enquêter, vint à Port-Royal-des-Champs, il fut reçu par la mère Angélique qui déploya dans l'interrogatoire son énergie et son à-propos coutumiers. Intimidé, le magistrat finit par avouer « qu'on ne parlerait pas tant de M. Arnaud et de ces messieurs, s'ils n'avaient pas tant d'esprit ».

Depuis deux ans, Angélique avait donné

définitivement sa démission d'abbesse après douze années consécutives de charge. La mère Marie-des-Anges Suireau lui avait succédé. La correspondance de la mère Angélique avec la reine de Pologne était plus active que jamais et nous montre qu'elle attend la persécution avec simplicité et sans exaltation : « *Le meilleur de la persécution, c'est l'humiliation et l'humilité se conserve dans le silence. Gardez-le donc aux pieds de Jésus-Christ et attendez de sa bonté votre soutien* », lisons-nous dans une de ses dernières lettres.

Il y eut pourtant une accalmie dans la tempête au moment du miracle de la Sainte-Epine. Pour consoler les religieuses de Port-Royal-de-Paris, on leur avait prêté une relique de la Sainte-Epine déposée, pour une neuvaine, dans leur chapelle. Pendant une procession du soir, la petite Marguerite Périer, âgée de onze ans et affligée d'une fistule lacrymale, appuya sur la relique son œil endommagé. Le lendemain, avec étonnement, la religieuse qui prenait soin d'elle aperçut qu'elle était guérie. La mère Agnès appelée, fit de même, mais recommanda le silence. Pourtant, les médecins ayant constaté la guérison merveilleuse, les amis de Port-Royal publièrent la chose au dehors, et Paris s'en émut. Un peu de superstition se mêle toujours à la religion de la capitale, et celle-ci vit, dans le miracle, une protection du Ciel sur ceux qu'on accusait. La foi de Pascal, dit-on, en fut affermie.

Quant à Angélique, elle ne voyait dans la trêve qu'une raison de se mieux préparer à souffrir :

« Dieu fortifie notre foi par tant de merveilles, que nous serions les plus ingrates du monde, si nous ne lui étions parfaitement soumises », disait-elle aussi.

Elle eut une grande joie à voir M. Singlin être nommé supérieur. Elle avait pour ce disciple de Saint-Cyran beaucoup de respect et d'affection.

Puis les épreuves reprirent, accablant sa vieillesse : mort de son neveu. Le Maistre, mort de l'abbesse, la mère Marie-des-Anges

Suireau, mort de la marquise d'Haumont, une des protectrices du monastère. Les menaces recommencèrent contre Port-Royal.

La mère Angélique, retenue presque continuellement à la Maison-des-Champs par la maladie, essayait de fortifier ses filles dans l'attente de la persécution, et de les garder dans l'humilité et la simplicité. 1659, 1660 passèrent ainsi. Le 13 décembre de cette dernière année, le jeune roi Louis XIV, recevant les délégués de l'Assemblée générale du clergé, leur déclara sa volonté d'extirper de France le jansénisme. Obéissante, l'assemblée établit un « Formulaire » que devaient signer tous les ecclésiastiques : religieux, religieuses et même les simples maîtres d'école. C'était le signal de la guerre.

Quelques mois après M. Singlin fut dépossédé de sa charge et les pensionnaires de Paris dispersées. C'était pendant la semaine de Pâques 1661.

Quand la mère Angélique reçut ces nouvelles, elle prépara son départ pour Paris.

Elle savait, certes, ce qui l'y attendait : souffrances physiques et morales redoublées, luttes, angoisses, mais plus que jamais elle se dressait, vaillante, pour soutenir ses enfants. Le jour du départ, dans la salle du chapitre, elle rassembla la communauté et parla à ses filles comme quelqu'un qui sait la mort proche. Elle sortait ensuite dans la cour, marchant péniblement, toute déformée par l'hydropisie qui allait l'enlever, quand près du carrosse qui l'attendait, elle rencontra son frère M. d'Andilly. Le vieillard, qui était son aîné, mais restait droit malgré les années, la salua :

« Adieu, mon frère, bon courage! » dit-elle.

— « Ma sœur, ne craignez rien, je l'ai tout entier. »

— « Mon frère, mon frère, soyons humbles, souvenons-nous que l'humilité sans fermeté est lâcheté, mais que le courage sans humilité est présomption. »

Puis elle monta en voiture et, dans la brume matinale d'avril, le carrosse partit.

Une dernière fois, en haut de la côte, la mère Angélique jeta un regard sur le clocher de la chapelle, les murs du domaine, les grands arbres qu'elle ne devait plus revoir, tout ce cadre qui avait enfermé le meilleur de sa vie. Se tournant alors vers les religieuses qui l'accompagnaient :

— « Il faut, mes sœurs, dit-elle, rendre grâces à Dieu en toutes choses. Disons ensemble le *Te Deum.* »

Tels furent les adieux de la grande abbesse à son cher monastère.

CHAPITRE XVII

LA FIN

LES pensionnaires avaient en larmes quitté leur couvent; c'était le tour des postulantes maintenant. Le 5 mai, la mère Angélique accompagne à la porte du monastère deux enfants qu'elle a élevées depuis le berceau : Mlle de Bagnols et la fille de sa chère duchesse de Luynes. La grand'mère, Mme de Chevreuse, est là pour les emmener. Voyant la vieille abbesse si calme, elle s'en étonne et l'admire, et Angélique de lui montrer que c'est de Dieu seul que vient cette force. Elle serre sur son cœur la jeune fille qu'elle aime tendrement et la console :

« Ma fille, espérez en Dieu. Confiez-vous de tout cœur à sa bonté infinie et ne vous laissez point abattre. Nous nous reverrons ailleurs, où les hommes n'auront plus pouvoir de nous séparer. »

La maison est maintenant comme une volière sans oiseaux, toute vide de sa jeunesse, et n'a plus même la consolation des visites de son supérieur. On sait que ce n'est qu'un commencement...

Que va faire Port-Royal ? Il redouble de pénitences et de prières, et les religieuses préparent une procession autour du cloître, portant des reliques.

Mais la vieille abbesse vénérée pourra-t-elle s'y joindre ? Aura-t-elle la force d'y prendre part ? Angélique se sent à bout, mais elle veut lutter encore. Le 10 mai, la voici derrière ses filles, traînant sur les dalles ses pauvres pieds nus gonflés, portant la croix avec toute l'exaltation de la fièvre qui la ronge et de la mort qu'elle sait toute proche.

En entrant au chœur, soudain, elle s'abat

comme un grand chêne foudroyé par l'orage. Quelques mois plus tard, tout près de son cher monastère des Champs, devait tomber ainsi, frappé par la foudre, un de ces arbres magnifiques qui étaient une des beautés du domaine.

Transportée dans sa chambre qu'elle ne quittera plus, la mère reste des heures sans connaissance et reçoit l'extrême-onction. Mais la fin n'est pas encore là : il lui faut souffrir encore pendant des semaines et des semaines.

De terribles étouffements, accompagnés d'angoisses indicibles, l'étreignent. Bien des fois, les religieuses allument le cierge bénit qui doit luire dans son agonie. Entre les crises, il y a des périodes d'accalmie. Angélique s'y retrouve entière, plus que jamais éprise de renoncement, de pauvreté, de silence. Avec sa brusquerie habituelle, elle repousse tout ce qui n'est pas indispensable aux soins et n'accepte de se voir installée dans un fauteuil commode avec des coussins que parce que d'autres pourront s'en servir ensuite. Son âme austère s'absorbe de plus en plus en Dieu :

« Quand Dieu est présent, on ne pense point à autre chose », dit-elle un jour.

La tendresse des sœurs voudrait la faire parler, recueillir d'elle des instructions, des conseils qui demain seraient pour Port-Royal orphelin une bénédiction, une sauvegarde.

— « Priez Dieu qu'il me fasse miséricorde et me pardonne tous mes péchés », répond-elle.

Et une autre fois :

— « Dites-leur qu'il faut mourir à tout et après cela attendre tout. »

Les jours succèdent aux jours. En juin, Angélique a fait un suprême effort pour dicter une lettre à la reine-mère, lui demandant sa protection pour Port-Royal accusé; puis, elle ne pense plus qu'à la mort et, chose étrange et qui paraît déconcertante chez une femme héroïque comme elle, elle en a peur. Au moment de comparaître devant Dieu, le sentiment profond de sa misère l'étreint plus fortement que jamais. Une personnalité comme la sienne, entourée du respect de tous, ne peut pas ne pas sentir l'autorité et l'influence qu'elle exerce. Avec les années, et malgré les luttes pour l'humilité, il se tisse peu à peu un manteau d'assurance en soi-même, de certitude du bien, de volonté personnelle, qui enveloppe la conscience.

A l'heure où, parvenue au bord de l'abîme, l'âme entrevoit, avec la lucidité de sa loyauté et de sa foi, la montagne inaccessible de la sainteté de Dieu, ce vêtement humain de propre justice tombe et elle se trouve dépouillée, nue, grelottante, sans consolation, sans joie. Mieux elle a compris la grandeur du Dieu souverain, mieux elle sent son péché, sa souillure, « *avec une frayeur religieuse qui semble l'anéantir* ». « *Mais*, écrivait Antoine Arnaud à la mère Agnès pour la consoler à la vue des angoisses d'Angélique, *cet état a quelque chose de grand et de divin, puisque c'est celui dans lequel Jésus-Christ même a voulu être autant qu'il pouvait; et il semble que ce soit le partage des âmes les plus fortes et le plus solidement établies dans la piété.* »

Secrètement, M. Singlin se glisse près du lit où souffre la mère Angélique, et elle, avec une grande joie à le revoir, lui promet solennellement « qu'elle n'aura plus peur de Dieu ».

— « Sa miséricorde est éternelle, j'espèrerai en lui », répète-t-elle.

Son neveu, M. de Sacy, la soutenait aussi; un jour vint où, par prudence, il dut cesser ses visites. Elle prit cette épreuve comme les autres :

— « Adieu à mon pauvre neveu; je ne le verrai jamais plus. Mon neveu sans Dieu ne me pouvait de rien servir, et Dieu sans mon neveu me fera toutes choses. »

Par un sursaut de foi, la confiance entière renaissait.

Aux étouffements avaient succédé les engourdissements douloureux... Vinrent ensuite les dernières semaines, avec leur cortège de misères physiques de plus en plus grandes, la lente désagrégation du corps, le dégoût de toute nourriture, les heures où tout ce qui est extérieur se voile, et où la mourante se sent seule à livrer son dernier combat au milieu des tendresses impuissantes à la soulager. Le vicaire de l'archevêque de Paris venant faire une visite domiciliaire au monastère, s'asseoit une heure au chevet de la vieille abbesse. Il essaie des consolations banales et la questionne sur sa maladie :

— « Monsieur, je suis hydropique », répond-elle calmement.

Et une autre fois, à la sœur qui la soigne et s'effraie d'un frisson qui la saisit :

— « J'ai toujours attendu ce froid; la mort ne vient pas autrement. »

Auprès de la mère, on commente les nouvelles, s'inquiétant des persécutions qui se multiplient. Elle ne songe qu'à recommander plus que jamais l'humilité et la soumission à Dieu. Le reste, elle s'en soucie comme de cette mouche, chassant d'un geste de sa pauvre main enflée l'insecte entré par la fenêtre en ces journées d'été où la chaleur augmente.

La paix de l'âme est reconquise maintenant; elle règne aussi dans la chambre de la malade où le bruit des cloches et le murmure des prières troublent seuls le silence. La nuit du mercredi 3 août au jeudi 4 fut mauvaise; la mourante ne cessait de prier tout bas, répétant des versets des Psaumes, puis tomba dans un assoupissement dont elle ne se réveilla que pour dire adieu à celles qui l'entouraient.

Une troisième fois, on offre de lui apporter le Saint-Sacrement et, rassemblant ses dernières forces, elle l'attend avec joie, les yeux fixés sur une croix placée en face de son lit.

— « O Jésus, ô Jésus, murmure-t-elle, vous êtes mon Dieu, vous êtes ma justice, vous êtes ma force, vous êtes mon tout. »

Une fois de plus, la vision du Sauveur, la certitude de son amour et de sa victoire, ont chassé les terreurs de la mort. Appuyée sur lui, enveloppée de la vertu de son sacrifice, l'âme s'en va pleine d'espérance, de foi, toute tranquille et calme, à la rencontre du Dieu saint.

— « Adieu, mes enfants ; allons à Dieu », murmure encore la mère, quand le prêtre s'en va après qu'elle l'a remercié avec sa digne courtoisie.

Deux nuits, une journée se passent encore. Angélique sommeille, comme en léthargie, puis quand elle se réveille, lucide, elle charge ses filles de messages pour ses amis, ou murmure doucement des versets des Psaumes. Le samedi matin, elle s'endort une dernière fois.

Autour d'elle veille la communauté, scandant les longues heures de la journée par la consolation des offices. La figure énergique se creuse, le corps robuste se tasse, le souffle se fait plus rare et plus léger, le pouls diminue, moments mystérieux où celle qui s'en va traverse la vallée de l'ombre de la mort, et où la sollicitude tendre et désolée qui l'entoure ne peut que la confier à Celui qui a dit : « Je serai avec toi. »

Et, comme le soir vient, un soir d'août, tiède, lumineux, pur, et que neuf heures sonnent à l'horloge de l'église, un dernier soubresaut, un soupir plus fort que les précédents et puis le silence...

Angélique Arnaud avait cessé de vivre. Elle avait soixante-neuf ans et onze mois.

TABLE DES CHAPITRES

I. L'enfance ... 9
II. Au couvent ... 19
III. La conversion ... 31
IV. Commencement de réforme ... 39
V. La journée du guichet ... 47
VI. La vie à Port-Royal ... 59
VII. Les six filles de Mme Arnaud ... 69
VIII. A Maubuisson ... 79
IX. Un directeur et une amie ... 93
X. La Maison-des-Champs et Mme Arnaud ... 105
XI. A Paris ... 115
XII. M. de Saint-Cyran et le jansénisme ... 127
XIII. Cinquante ans ... 137
XIV. Port-Royal-des-Champs et la Fronde ... 145
XV. Les lettres de la Mère Angélique ... 161
XVI. Dernières années ... 179
XVII. La fin ... 197

IMPRIMERIE "JE SERS"
ISSY-LES MOULINEAUX

www.ingramcontent.com/pod-product-compliance
Ingram Content Group UK Ltd.
Pitfield, Milton Keynes, MK11 3LW, UK
UKHW020550180726
13838UKWH00001B/163